中國學術思想 研究輯刊

三九編

林慶彰 主編

第 **11** 冊

劉鳳苞注《莊》對莊子思想的詮釋與轉化

林瑞龍 著

花木蘭文化事業有限公司

國家圖書館出版品預行編目資料

劉鳳苞注《莊》對莊子思想的詮釋與轉化／林瑞龍 著 -- 初版
-- 新北市：花木蘭文化事業有限公司，2024〔民113〕
目 2+170 面；19×26 公分
（中國學術思想研究輯刊 三九編；第 11 冊）
ISBN 978-626-344-583-3（精裝）
1.CST：（清）劉鳳苞 2.CST：莊子 3.CST：研究考訂
030.8   112022473

ISBN-978-626-344-583-3

中國學術思想研究輯刊
三九編　第十一冊　　　　　　　ISBN：978-626-344-583-3

劉鳳苞注《莊》對莊子思想的詮釋與轉化

作　　者　林瑞龍
主　　編　林慶彰
總 編 輯　杜潔祥
副總編輯　楊嘉樂
編輯主任　許郁翎
編　　輯　潘玟靜、蔡正宣　美術編輯　陳逸婷
出　　版　花木蘭文化事業有限公司
發 行 人　高小娟
聯絡地址　235 新北市中和區中安街七二號十三樓
　　　　　電話：02-2923-1455 ／傳真：02-2923-1452
網　　址　http://www.huamulan.tw 信箱 service@huamulans.com
印　　刷　普羅文化出版廣告事業
封面設計　劉開工作室
初　　版　2024 年 3 月
定　　價　三九編 23 冊（精裝）新台幣 62,000 元

劉鳳苞注《莊》對莊子思想的詮釋與轉化

林瑞龍　著

作者簡介

林瑞龍，一九七六年生，臺灣新北市人。國立中興大學中國文學系畢業，國立臺灣師範大學國文研究所文學碩士、博士。曾任嘉義縣立竹崎高中教師，現任桃園市立壽山高中教師。

提　要

劉鳳苞《南華雪心編》為「以文評莊」的集大成之作，故近代學者研究此書，多由「文學角度」詮釋《莊子》。但劉氏於書中自序云：「雪心者，謂《南華》為一卷冰雪之文，必索解於人世炎熱之外，而心境始為之雪亮也。後之讀是篇者，其亦可渙然冰釋矣。」可知劉鳳苞注解《莊子》，除了文學，其思想必定有值得注意之處，若略而不論，不免有愧於其將書命名為「雪心」之衷。故本論文欲由「本體論」、「宇宙論」、「逍遙論」、「工夫論」、「聖人論」、「政治論」等角度，探討劉鳳苞的注《莊》思想，並藉由與《莊子》思想的對比，以明其對莊子思想的繼承與開展，進一步瞭解其所呈現的時代意義。

在本體論中，劉鳳苞注解《莊子》時，以為「道」有四項質性：「超越性」、「根源性」、「遍在性」、「不可言性」，基本上無異於莊子對「道」的設定。但若由「宇宙論」的角度出發，劉鳳苞注文中論及道之生成時，又出現了「元氣」、「一」等元素。此外，又以「氣化」詮釋莊子的宇宙論，「道」為生化本根。使莊子思想的設定產生了變化，改變了「生」的意涵，間接使得「道」轉為「創生的實體」，屬於「實有形態的形而上學」。

在注解「逍遙」境界時，劉鳳苞承襲了莊子由「心」上論逍遙，但提出「自適於清虛」的說法，將莊子判斷是否達「逍遙」境界的標準，改為「清虛」。又將孟子的「仁義之性」融入個體的性中，則萬物皆具仁義之性，此或可視為萬物皆具逍遙之質，以化解莊子無待逍遙普遍性的困境。論及莊子的「心齋」、「坐忘」、「攖寧」等工夫時，劉鳳苞秉持著儒、道二家「旨趣固兩相符合」的立場，試著調和儒、道的學說。強調工夫必先由儒家仁義道德之處開始實踐，漸漸內化後，并其仁義之迹與用心一起化掉，因而特別重視「化」與「忘」的工夫。

劉鳳苞注解「聖人」境界時，因劉氏的工夫論中本帶有「儒學化」的傾向，故其「聖人論」同樣的帶有儒學化的傾向。如注解「神人」時，將《中庸》：「致中和，天地位焉，萬物育焉。」與《孟子》的「過化存神」融入「無功」。亦如論「真人」時，將孟子「以直養無害」的工夫論融入真人「息以踵」的特徵。因而劉鳳苞詮釋莊子「聖人論」時，為能通於莊子的道境，故特別重視「泯其迹」，且并其「用心」一塊泯除。

劉鳳苞在評論儒家的「德治」時，看似承襲了莊子對儒家德治的否定。但又於〈駢拇〉篇首總論中，強調仁義之與道德，雖然稱謂不同，然皆源於性命。故知劉鳳苞所抨擊的「仁義」，乃出以名的「仁義」，若仁義能處於「渾漠相忘」的狀態，「化其仁義之迹」應是可行的。

對於劉鳳苞在注解《莊子》時所展現的儒學化傾向，筆者不以為其曲解了莊子的本意，反將它視作劉鳳苞由現實生活中所體悟到的莊子思想，藉以忘懷現實生活中的不如意。

謝　誌

數十載的博班生涯，終以駑馬十駕之功告終。

回首這些年物換星移，先是步入教職成為人師、繼而走入婚姻成為人夫、終成一對兒女的人父。角色的轉變，帶來相應的樂趣與責任，同時擱置了撰寫博論之心。直至兩年半前，莊耀郎老師驟然離世，病榻前承諾必將博論完成，始憶起當年考取博班的初衷。後雖幸得陳麗桂老師指導，然鎮日面對生活中大大小小的瑣事，意志力薄弱的自己，仍數度想要放棄！即便到了論文提交的前一刻，仍是猶豫不已。

如今能順利完成博班學業，特別感謝麗桂老師的鼓勵與堅持，讓自己能完成對耀郎老師的承諾，同時感謝許雯怡助教一直以來的相信與支持。而這段過程中，家庭適時撐起了精神與物質上的支援，讓自己能放心的衝刺，亦是功不可沒。

其實，取得博士學位，對現實生活並未有任何助益，純粹是一種「自我實現」。但仍想展示整個過程給自己的小孩，讓他們瞭解「堅持且好好地完成一件事」，是生命中最重要的事！

目

次

第一章 緒 論

第一節 研究動機

　　《莊子》一書，各代文人依其所處的文化背景、學術思潮、自身際遇，給予了《莊子》不同的面貌述評，各家或有不同之定位與評價，然於其逍遙自適、安身立命之旨則無異。歷代註解《莊子》者，詮釋進路大抵分為「義理闡釋」、「集注、集釋」、「文本訓詁」、「以文評莊」四類。劉鳳苞《南華雪心編》為「以文評莊」的集大成之作。近代學者研究《南華雪心編》的專著，則有李章博《劉鳳苞《南華雪心編》之研究》〔註1〕、華雲剛《劉鳳苞及《南華雪心編》研究》〔註2〕、楊菁《劉鳳苞與王先謙治《莊》研究》〔註3〕。而三本書，除探討劉鳳苞對莊子思想的詮釋，更傾向於說明其如何由「文學角度」詮釋《莊子》。此法雖無誤，但卻未能整體且系統地分析劉鳳苞對莊子思想的詮釋，不免可惜。依劉鳳苞於書中自序云：

　　　　予自幼頗愛讀《莊子》之文，驟焉不得其所解。及觀晉人郭象所注《南華》篇，探玄抉奧，識解獨據萬山之巔，恍然有得於其心。復參合諸家註解，而後章法之貫串玲瓏、筆力之汪洋恣肆，窺豹而時見一斑。南帆北馬，輒攜是書以自隨，初未敢妄增一解，以貽駢拇枝指之譏。年來捧檄邊庭，從事於波濤兵燹之間，更歷憂患，取是

〔註1〕李章博：《劉鳳苞《南華雪心編》之研究》（南京：南京大學中國古代文學系博士論文，許結先生指導，2016.8）

〔註2〕華雲剛：《劉鳳苞及《南華雪心編》研究》（南京：南京師範大學中國語言文學系博士論文，徐克謙先生指導，2016.4）

〔註3〕楊菁：《劉鳳苞與王先謙治《莊》研究》（台北：秀威經典，2017.3一版）

書而研究之，一切榮落升沈之感，不知何以俱化，而天人性命之微，亦若少窺其分際焉。則先生之貺我良多也。簿書之暇，把卷沈吟，機有所觸，筆之於書，亦如玄化之鼓盪而不能自已，天籟之起伏而莫知所為焉，名之曰《雪心編》。雪心者，謂《南華》為一卷冰雪之文，必索解於人世炎熱之外，而心境始為之雪亮也。後之讀是篇者，其亦可渙然冰釋矣。〔註4〕

對其自序，首先要留意的是，劉鳳苞對於《莊子》的理解，是透過郭象《南華真經注》。其次，劉鳳苞對莊子思想的體悟，是透過自身的經歷所致〔註5〕，其一生歷經社會動盪，故言「年來捧檄邊庭，從事於波濤兵燹之間，更歷憂患」。於動盪之際，透過體會莊子思想，竟能「一切榮落升沈之感，不知何以俱化，而天人性命之微，亦若少窺其分際焉」，最終將其體悟立言著書，名為「雪心」，取其「冰雪之文，必索解於人世炎熱之外，而心境始為之雪亮也」。而後之讀者亦能「渙然冰釋」。因此，研究《南華雪心編》，若僅就篇旨、章義、段意、文章脈絡、文意主旨、文句呼應、修辭風格等進行分析，自然能體會劉鳳苞運字之妙；但不免遺憾。故本論文欲深入探討劉鳳苞的注《莊》思想，並藉由與《莊子》思想的對比，以明其對莊子思想的詮釋與轉化，進一步瞭解其所呈現的時代意義。

第二節　文獻探討

一、前人《莊子》研究

《莊子》書成後，歷代文人於不同的學術思潮下，對《莊子》有著不同的

〔註4〕劉鳳苞撰，方勇點校：《南華雪心編》（北京：中華書局，2013），頁8～9。

〔註5〕關於劉鳳苞的生平，據華雲剛的整理，其總結云：「早歲多生活在家鄉讀書、學習，二三十歲則多在省城長沙參加科舉考試，複習讀書。中進士後，在北京學習兩年。自1868年散館後，赴任雲南。除了中間因事回到長沙之外，這二十年左右，劉鳳苞大都輾轉于雲南邊境為官。免官回鄉後，在武陵待了一段時間，然後任職于長沙各大書院，直至病逝。他的一生是封建士子比較樣板化的情形，但是他經歷了近代很多改變中國面貌的大事：對外有兩次鴉片戰爭，列強的凌辱欺負，各種不平等的條約等；對內有此起彼伏的農民和少數民族起義，洋務運動和維新變法等等。也算是見證了中國近代社會的變遷。而他的一生又是充滿坎坷的，所有這一切既在他的詩文集中有所體現，也同時顯現在《南華雪心編》中。其中之心酸與血淚，無不是當時社會的一種變形的顯示。而他一生的行跡對這些情況的認識更是具有非常重要的價值。」《劉鳳苞及《南華雪心編》研究》，頁38。

詮釋，進一步影響了註解《莊子》的方式。以下依朝代之順序，歸納各時期註解《莊子》的特色〔註6〕：

（一）秦漢時期

秦漢時期，由黃老轉至漢武帝的尊儒，《莊子》漸不受重視。聞一多曾感慨：「兩漢竟沒有注《莊子》的。〔註7〕」。此期雖未有人註解《莊子》，卻並非表示其對當代學術失去影響力。如《呂氏春秋》一書，襲用《莊子》之文頗多，唯未明確標示「莊子曰」〔註8〕，而《淮南子》則於思想史上首次將「老莊」並稱，自詡要：「考驗乎老莊之術，而以合得失之勢。（《要略》）」〔註9〕，因而援引莊子時，為符合現實物勢的發展，由實用態度闡述。而據《文選》李善注所引，劉安另著《莊子略要》，為「歷史上最早撰有莊學專著的人」〔註10〕，司馬遷則為莊子立傳，將其與老子、申不害、韓非並列，入〈老莊申韓列傳〉，以明其思想淵源、核心與衍化狀況。〔註11〕

（二）魏晉南北朝時期

魏晉時期，玄學興起，士人以《老》、《莊》、《易》三書為清談的核心依據，從此《莊子》廣為流行。魏晉玄學最重要的課題在「儒道會通」。王弼主張「名教出於自然」，阮籍、嵇康主張「越名教而任自然」，最終郭象以為「名教即自然」，其《莊子注》為此期重要代表作，其義理詮釋重點為：1. 莊學性質；2. 自然與獨化；3. 適性逍遙；4. 遊外冥內，為「以儒解莊」的重要代表。〔註12〕

另外，此時期佛學亦與玄學合流，故有支遁的「以佛解莊」。佛教出世思想與老莊超越精神易引起共鳴，佛教學者便以老莊思想比附佛學，如支遁便以即色悟空義解說莊子「逍遙」。

葛洪則「以道教思想治莊」，以宗教信仰轉化《莊子》義理。

〔註6〕本文關於註解《莊子》各期特色的說明，大抵參考：方勇：《莊學史略》（成都：巴蜀書社，2008 年）、熊鐵基主編，劉韶軍、錢奕華、湯君著：《中國莊學史‧上‧下》（福州：福建人民出版社，2009 年 12 月第 1 版）、李章博《劉鳳苞《南華雪心編》之研究》等書整理而成。

〔註7〕聞一多：《周易與莊子研究》（成都：巴蜀書社，2003 年 1 月，《聞一多學術文抄》），頁 77。

〔註8〕熊鐵基主編，劉韶軍、錢奕華、湯君著：《中國莊學史‧上》，頁 54～55。

〔註9〕方勇：《莊學史略》，頁 19。

〔註10〕方勇：《莊學史略》，頁 26。

〔註11〕熊鐵基主編，劉韶軍、錢奕華、湯君著：《中國莊學史‧上》，頁 58～59。

〔註12〕李章博：《劉鳳苞《南華雪心編》之研究》，頁 4。

（三）隋唐時期

隋唐時，道家因獲得官方支持，地位隨之上升。如唐玄宗時，專置道舉科，試老莊之學，並詔封莊子為「南華真人」，稱其所著之書為《南華真經》。

陸德明《莊子音義》，採「訓詁音義考校」一路。成玄英《南華真經注疏》則重義理詮釋。當時儒釋道三教並行，義理互滲，成玄英汲取佛理以解莊，並依據郭象注做疏解。其詮釋特點與學術意義如下：〔註13〕

1. 義理之外，兼及文理——成疏不忘字句文脈的梳理，使義理的彰明能立基於客觀章句之上。另外也對莊文「譬喻」手法的運用，有所揭示。南宋之後，漸漸興起以文章學評莊的方法，於此已見端倪。

2. 內外雜篇之關係——成疏歸結出內、外、雜篇的結構關係，認為「內篇明於理本，外篇語其事迹，雜篇雜明於事理」，開啟後人對篇章的結構與題旨的分析。

3. 以佛解莊——成疏中的「重玄」之學，源自老子「玄之又玄」，並借用了佛理。其「有無雙遣」之法，即「借鑑佛教中觀派雙遣雙非的否定思維而來」〔註14〕，而超絕形名的「重玄」境界，即佛教所謂的「空寂」〔註15〕。

（四）宋明時期

宋代理學盛行，以儒家為本位的三教呈現融合態勢，因而在義理詮釋上，注者往往「以儒解莊」或「以佛解莊」。另外，隨著南宋以來「文學評點」漸興，注者亦轉向對莊書文章學範疇的關注，開啟「以文評莊」的詮釋進路。

林希逸《南華真經口義》，以調和三教之立場解《莊子》，亦看重文字筆法的評析，為莊學史上「以文評莊」的重要開始。其特點在：「識文字血脈」、關注「筆端鼓舞變化」，因此對莊文的語意脈絡、篇章結構、意境、筆法等皆有所揭示。此為以文章學理論注莊的初步成果，對後人具有指引的作用。〔註16〕

明代的莊學研究，前期沉寂，後期則因陸西星、釋德清、焦竑等人著作的出現，而顯興盛。陸西星著有《南華真經副墨》，其注解除「以佛解莊」和「以文解莊」外，亦引道教丹法理論證莊，如以「元神」釋「真君」、「神」，以陰陽雙修之術釋修養功夫，尤其「以文評莊」的部分，值得注意。〔註17〕

〔註13〕李章博：《劉鳳苞《南華雪心編》之研究》，頁6。
〔註14〕方勇：《莊學史略》，頁149。
〔註15〕方勇：《莊學史略》，頁149。
〔註16〕李章博：《劉鳳苞《南華雪心編》之研究》，頁7。
〔註17〕李章博：《劉鳳苞《南華雪心編》之研究》，頁7。

釋德清著《莊子內篇注》，本著三教可相通互補的觀點，對內篇進行解讀，而其義理詮釋的佛理化非常明顯。此外，又提出「內七篇乃相因之次第」，由此建立內篇的義理結構。

焦竑《莊子翼》，廣集諸說，間附己意而成。其義理闡釋不乏「以儒會通莊學」的特點。

（五）清代

清代註解《莊子》，自明代遺民借詮釋《莊子》抒發其遺民胸臆開始；到了康熙中後期至乾隆時期，由藝術角度詮釋《莊子》達到顛峰；隨著乾嘉學派的興起，由考據學角度詮釋《莊子》蔚為風潮。綜言之，有關《莊子》的註疏與研究，至清代展現出不同的特色：

> 清代的《莊子》研究，有如下幾個特點值得注意：首先是在義理闡
> 發方面提出了不少的新見解。第二是集注、集釋類著作的興盛，可
> 以說是清人治學的一大特點，即匯總前人研究成果的最好方式。第
> 三是對於《莊子》本文的訓詁考證的發達，這正是清代乾嘉考據學
> 在《莊子》研究中的具體體現。第四是《莊子》在文學作品中的多
> 方面影響，說明了《莊子》的文章與思想對文人的影響之深之廣，
> 是任何一種其他古典所不能比擬的，這一現象值得我們注意。〔註18〕

第一，「義理闡釋類」，重在義理闡釋，並提出個人獨特之看法，比如王夫之的《莊子通》、《莊子解》。不比附儒、佛，以還莊子本來面目，為其注莊之目的。其所展現出的具體方法有：1. 整理思想要旨及建立思想體系；2. 引《莊子》本文的重要概念來解義，成為「文內互解法」。〔註19〕第二，「集注、集釋類」，此類著作興盛，匯總前人研究成果，為清人治學的一大特色，如：郭慶藩《莊子集釋》、王先謙《莊子集解》。第三，「文本訓詁類」，如：王念孫《莊子雜志》、俞樾《莊子平議》。第四，「以文評莊類」，以文學的方式注解《莊子》，說明《莊子》之思想與文章的關係，如：宣穎《南華經解》、劉鳳苞《南華雪心編》。

綜觀莊子學的發展，清代之前，註解仍以義理之詮釋為主，至清代，「以文評莊」之法獲得重視。而所謂「以文評莊」，楊菁云：

> 以文學角度為出發點，注解形式有圈點、批評、前後總評、夾註或
> 旁註等，對《莊子》篇旨、章義、段意、文章脈絡、文意主旨、文句

〔註18〕熊鐵基主編，劉韶軍、錢奕華、湯君著：《中國莊學史·下》，頁161。
〔註19〕李章博：《劉鳳苞《南華雪心編》之研究》，頁7。

呼應、修辭風格有所說明，更進一步綜合評點與文理之說明，加上
文句注疏，以疏通《莊子》全文。〔註20〕

由此可知，「以文評莊」與「義理詮釋」的主要區別在於義理與文章並重，方
勇推崇劉鳳苞《南華雪心編》為此期「以文評莊」的集大成之作〔註21〕。

二、近人《南華雪心編》研究

劉鳳苞的《南華雪心編》既為清代「以文解莊」的集大成之作，學者研究
時，大多偏向書中「以文評莊」的分析，對於劉鳳苞註《莊》思想的開展則略
嫌不足。本論文因以此為目標，將綜觀全書，建立劉鳳苞詮釋莊子思想時的整
體架構，並系統地分析其各個概念，以與《莊子》、郭象做對比，明其思想的
轉折與開展，進一步瞭解其時代意義。

後人對於劉鳳苞《南華雪心編》的研究概況，如下：

當代學者中，最早留意此書者為關鋒，其於《莊子內篇譯解和批判》一書
附編的《莊子注解書目》中列此書，並有簡短文字介紹，〔註22〕嚴靈峰將其收
入《無求備齋莊子集成初編》〔註23〕，陳鼓應的《莊子今註今譯》則將其做為
註釋時的引用書目。〔註24〕

最早對此書做出具體評論者，應為陸永品，其於〈《莊子》研究的主要版
本及有關論著〉中，說宣穎《南華經解》、林雲銘《莊子因》、吳世尚《莊子解》、
胡文英《莊子獨見》、劉鳳苞《南華雪心編》為清代五種較好的《莊子》散文
研究版本，並評論《南華雪心編》：「是莊子散文研究的集大成者，成就最大，
水平最高，可謂前無古人，未見來者。……此書析理清楚，層次分明，研討細
膩，生動形象，富有文彩。雖是注莊、解莊、評莊之文，但不枯燥，令人愛讀，
不失為是研究莊子散文的最好著作。」〔註25〕給予了相當高的評價。

真正採「專章的形式」對《南華雪心編》做具體分析者，為方勇的《莊子

〔註20〕張晏菁：《劉辰翁〈莊子南華真經點校〉研究》（台北：東吳大學中國文學研究
所碩士論文，2008年6月），頁2。

〔註21〕方勇云：「是宣穎之後《莊子》文章研究的一座豐碑，可謂《莊子》散文研究
的集大成者，代表了《莊子》散文藝術研究的最高成就。」劉鳳苞撰，方勇點
校：《南華雪心編》，頁12。

〔註22〕關鋒：《莊子內篇譯解和批判》（北京：中華書局，1961），頁394。

〔註23〕嚴靈峰：《無求備齋莊子集成初編》（台北：藝文印書館，1972），第24〜25冊。

〔註24〕陳鼓應：《莊子今註今譯》（台北：台灣商務印書館，1975）。

〔註25〕陸永品：《老莊研究》（鄭州：中州古籍出版社，1984），頁186〜187。

學史》。方勇除具體分析《南華雪心編》，並加以點校。且云：

> 劉鳳苞評註《莊子》雖然徵引繁富，又有自己的大量評析和註語，
> 但由於受林雲銘、宣穎、陸樹芝等人以儒解莊的影響，因而明顯帶
> 有儒學化傾向。……所以，此書在義理詮釋方面，並沒有特別值得
> 重視的地方。〔註26〕

> 然而，劉鳳苞依宣穎《南華經解》「義例」，在全繼承宣穎《莊子》
> 散文研究成果的基礎上，又充分借鑒、吸收其他學者的優秀成果，
> 並以自己個性化的理解和審美的態度以及散文化的筆法，多角度、
> 全方位地對《莊子》進行了一次細緻入微的評析，是宣穎之後《莊
> 子》文章研究的一座豐碑，可謂《莊子》散文研究的集大成者，代
> 表了《莊子》散文藝術研究的最高成就。〔註27〕

方勇以為，劉鳳苞註《莊》時，受林雲銘、宣穎、陸樹芝等人「以儒解莊」的
影響，明顯帶有「儒學化」傾向，故於義理詮釋方面無可觀之處。但若由「以
文評莊」的角度視之，劉鳳苞繼承了宣穎《莊子》散文研究的成果，並進一步
以自己個性化的理解和審美的態度以及散文化的筆法，多角度、全方位地對
《莊子》進行了細緻入微的評析，因此為《莊子》散文研究的集大成者，代表
了《莊子》散文藝術研究的最高成就。故方勇重視其文學價值，於著述中集中
地分析此方面的表現。

　　近幾年，開始有學者以「專書的形式」對《南華雪心編》進行深入分析，
分別為李章博《劉鳳苞《南華雪心編》之研究》、華雲剛《劉鳳苞及《南華雪
心編》研究》與楊菁《劉鳳苞與王先謙治《莊》研究》。以下依序評析三本著
作：

1. 李章博《劉鳳苞《南華雪心編》之研究》

　　就大綱而言，其分析較偏重於「義理的詮釋」，七個章節中，扣除「第一
章緒論」與「第七章結論」外，第三、四、五章分別針對「道物論」、「心性功
夫論和理想人格論」、「人生論和政治論」進行分析，並與郭象、宣穎註《莊》
思想做比較。而對於「以文評莊」的分析，僅用了「第六章《南華雪心編》的
文章評析」做說明。整體而言，透過此書可較全面且具體地理解劉鳳苞註《莊》
的思想。

〔註26〕劉鳳苞撰，方勇點校：《南華雪心編》，頁11～12。
〔註27〕劉鳳苞撰，方勇點校：《南華雪心編》，頁12。

2. 華雲剛《劉鳳苞及《南華雪心編》研究》

本書之分析較偏重於「以文評莊」。七個章節中，第三、五、六章分別針對「《南華雪心編》的評點體例及方法」、「《南華雪心編》對《莊子》評點的文學視角」、「《南華雪心編》的文章美學價值」進行分析。而對於劉鳳苞註《莊》思想的詮釋，僅用了一個章節簡單說明劉鳳苞對《莊子》思想的獨到領會，卻未能深入其髓。此外，雖說明了劉鳳苞註《莊》時受「以儒解莊」、《中庸》、「佛教」等思想影響，但未能有系統地詮釋其「本體論」、「功夫論」，甚為可惜。

3. 楊菁《劉鳳苞與王先謙治《莊》研究》

本書先分述劉鳳苞與王先謙註《莊》的「章旨」、「章法」、「義理思想」，再將二人做對比。就劉鳳苞的部分而言，作者較偏重於「以文評莊」的分析，分別在第三、四、五章中針對「劉鳳苞《南華雪心編》論《莊子》章旨及章法」、「劉鳳苞《南華雪心編》論《莊子》之文法及語言表現」、「劉鳳苞《南華雪心編》論《莊子》散文之藝術表現」進行分析。而劉鳳苞註《莊》思想的詮釋僅用了一個章節，內容涉及「修道功夫與次第」、「養生觀」、「修道境界」、「治國之道」，卻未能有系統地詮釋其「本體論」、「功夫論」，再進而推至「外王」的事功，甚為可惜。

本論文即在前人的研究基礎上，進一步深論之，並側重於義理的開展，以期能全面性、系統性的深入探究劉鳳苞註《莊》之宗旨與精義，不負其名書「雪心」之深意。

第三節　研究方法與步驟

一、研究方法

本論文主要運用「歷史研究法」與「文獻研究法」，以探討劉鳳苞註《莊》之宗旨與精義。

（一）歷史研究法

歷史研究是由歷史資料中，如日記、信函、官方文件和遺物等，利用歸納、分析的方法，將史料有系統地組織，並加以解釋，使各自分立、不相關連的史實發生關係，以研究過去所發生的事件或活動，尋求一些事件間的因果關係及發展規律，以便作為瞭解現在和預測將來的基礎。

　　而本論文將蒐集與劉鳳苞有關的著作、信函、官方文件與史書文獻，並參酌前人的研究成果，進行歸納分析。藉以瞭解劉鳳苞所處的時代背景、生平際遇與思想，再以其思想為基礎，進一步分析其註《莊》之宗旨與精義。

（二）文獻研究法

　　文獻研究的主要工作就是要參考閱覽相關學科的資料及書目，瞭解其中的問題和處理方式，仔細檢視其邏輯、推論、佐證，並加以整理歸納分析。在從事文獻探討的過程中，就能逐漸瞭解在研究問題的範圍內有何相關研究與研究結果、所引用的理論、已經形成的結論、未定論的議題、測試中的解釋、或是幾近過時的理論等，從而避免自己盲目研究或重覆前人研究。同時也可以作為提示待答問題、建立研究假設、構思研究方法、分析研究結果、建立研究架構之參考依據。

　　而本論文有三個方面使用此研究方法：第一，蒐集前人分析歷代註解《莊子》的特徵，並進行歸納與分析，藉以瞭解各時期註《莊》的特色與代表人物，並確立《南華雪心編》於歷代註解《莊子》書籍中的地位。第二，以「劉鳳苞撰，方勇點校：《南華雪心編》」一書為底本，並根據註文中的思想進行解析、分類，進一步歸納其各類思想的要旨。第三，蒐集前人關於《莊子》的相關研究，進行歸納、分析，藉以瞭解《莊子》各類思想的原旨，並與劉鳳苞《南華雪心編》的思想做比較，希冀由兩人思想的比較中，明瞭劉鳳苞對莊子思想的繼承與開展，以確立《南華雪心編》的學術地位與時代意義。

二、研究步驟

　　根據「近人研究成果」的分析，可知前人對《南華雪心編》「以文評莊」的析論已有了一定的研究成果，然對義理之開展卻仍有發展的空間。因而本論文將由「義理詮釋」的進路分析《南華雪心編》，具體步驟如下：

　　第一，蒐集前人分析歷代註解《莊子》的特徵，並進行歸納與分析，藉以瞭解各時期註《莊》的特色與代表人物，並確立《南華雪心編》於歷代註解《莊子》書籍中的地位。

　　第二，透過與劉鳳苞有關的著作、信函、官方文件與史書文獻，並參酌前人的研究成果，瞭解劉鳳苞所處的時代背景與思想。

　　第三，就清代的學術思想，歸納、分析《南華雪心編》的註解特徵，以明其思想之根源。

第四，由「本體論」、「宇宙論」、「工夫論」、「逍遙論」、「政治論」等不同向度，將劉鳳苞的註文進行分類，分類完畢後再進行深入探討，希求能完整且有系統地闡述劉鳳苞所註解的《莊子》思想。

第五，蒐集前人關於《莊子》的相關研究，並進行歸納、分析，藉以瞭解《莊子》各類思想的原旨，再與劉鳳苞《南華雪心編》的思想做比較。

第二章 「以文解莊」的《南華雪心編》

第一節 「以文解莊」

第一章中已對前代的《莊子》研究做了整體的說明，基本上宋代之前，對於《莊子》的注解，多注重「義理闡釋類」與「文本訓詁類」，直至宋代，注《莊》者開始以「文學的角度」詮釋莊子，龔鵬程云：

> 以文士看莊周，以文章求莊子書，如宋·林希逸《莊子口義》、劉辰翁《莊子評點》、明·孫應鰲《莊義要刪》、歸有光《道德南華評註》（即《南華真經評註》）、孫鑛《莊子南華真經評》、譚元春《莊子南華真經評》、林雲銘《莊子因》、吳世尚《莊子解》、高秋月《莊子釋義》、宣穎《南華真經解》、胡文英《莊子獨見》等，……都屬這一系統。〔註1〕

宋代注《莊子》者，開始留意到書中文章之妙，首推林希逸，其云：「蓋莊子之書，非特言理微妙，而其文獨精絕，所以度越諸子。〔註2〕」由文學角度肯定了莊子的文學成就，且《南華真經口義》具有示範的意義。劉辰翁云：「此與《戰國策》同。《戰國策》不及者，又彈黃雀故也。作文如畫，畫者常留不盡之意，如執彈而留是也，此間妙意在捐彈而走。〔註3〕」、「偶然一語，亦自

〔註1〕龔鵬程：《文學批評的視野》（台北：大安出版社，1998），頁396。
〔註2〕林希逸：《莊子鬳齋口義校注》（北京：中華書局，1997），頁82。
〔註3〕劉辰翁批點本，《莊子南華真經》，見嚴靈峰：《無求備齋莊子叢書集成緒編·第一冊》（台北：藝文印書館，1974），頁380～381。

可誦，秦漢文字安得此。〔註4〕」以為莊子的文字運用能力冠於秦漢諸家。孫鑛云：「千錘百鍊，篇章字句無不妙；力勁而色濃，調諧而味永。〔註5〕」肯定了莊子錘鍊篇章之功。

自林希逸開啟「以文評莊」的風氣，以為由文章章法、結構、層層變化作血脈的聯繫與貫通，方能理解《莊子》。明譚元春承繼林希逸「血脈」說，增加以「文脈」評莊，重《莊子》的文章脈絡，對章法、段落、評論、讀法皆作客觀說明。清宣穎則對郭象注抱持質疑的態度，其云：「於莊子行文之妙，則猶未涉藩籬，便為空負盛名也。」又說：「古今同郭注者，謂其能透宗趣；愚謂聖賢經篇，雖以意義為重，然未有文理不能曉暢，而意義得明者，此愚所以不敢阿郭注也。〔註6〕」由文學角度認為，郭象未能曉暢文理，便無法明莊子思想。易言之，欲明莊子思想則必須由《莊子》文章的文理入手。而這類由文學角度注解《莊子》的方式，名之為「以文評莊」，其特色在於以文學角度為出發點，注解形式有圈點、批評、前後總評、夾註或旁註等，對《莊子》篇旨、章義、段意、文章脈絡、文意主旨、文句呼應、修辭風格等皆有所說明；更進一步綜合評點與文理之說明，加上文句注疏，以疏通《莊子》全文。〔註7〕錢奕華將此種由文學方式注《莊子》的方式，區分為兩個階段：

1. 以文評莊：又分作四期
　（1）啟蒙期：以宋代文士援用與解其章句為主。
　（2）建立期：正式於注解中，以文字血脈看《莊子》，如宋林希逸《南華真經口義》、劉辰翁《莊子南華真經點校》。
　（3）發展期：從明朝到清初，如歸有光《南華真經評註》、孫鑛《莊子南華真經評》、譚元春《莊子南華真經評》。
　（4）承繼期：如清周辰拱《南華真經影史》、清高秋月《莊子釋意》等。
2. 以文解莊：
重視《莊子》的散文功能，結合宋、元評點學、文章章法學、敘事技巧、

〔註4〕劉辰翁批點本，《莊子南華真經》，嚴靈峰：《無求備齋莊子叢書集成緒編‧第一冊》，頁247。
〔註5〕孫鑛：《莊子南華真經評》，《中國子學名著集成‧67》（中國子學名著集成編印基金會，1977），頁63。
〔註6〕宣穎：《南華經解》，嚴靈峰：《無求備齋莊子叢書集成緒編》，〈莊解小言〉，頁15。
〔註7〕張晏菁：《劉辰翁《莊子南華真經點校》研究》（台北：東吳大學中國文學研究所碩士論文，2008），頁2。

風格論，以評點《莊子》文句，解構《莊子》脈絡，由文學理論之方法入手，析論《莊子》書中之文學特色，建立《莊子》義理系統，以文理解義理，劉鳳苞《南華雪心編》則為此期的集大成之作。

　　整體而言，「以文解莊」的評注方式，使得詮釋角度由傳統的「考據」、「義理」轉向「文學」、「理論」之建構，此亦可視作清代《莊子》學詮釋的重要建樹。

第二節　劉鳳苞與《南華雪心編》

一、劉鳳苞生平

　　劉鳳苞，字毓秀，號采久，湖南常德府武陵縣（今常德鼎城區）人。生於道光六年（1826 年）〔註8〕，卒於光緒三十一年（1905 年），為晚清文學家與詩人，以文學見長，著作有《晚香堂詩鈔》五卷、《晚香堂賦鈔》初編二編各一卷、《晚香堂文鈔》一卷、《晚香堂駢文》一卷。

　　綜其一生，約可分為三個時期：

（一）年少期

　　年輕時，隨名士楊彝珍學習詩文。楊彝珍與曾國藩、左宗棠、郭嵩燾、吳敏樹等人皆有所往來，深受桐城論文影響，間接影響了劉鳳苞。爾後劉鳳苞就讀長沙城南書院，其間時與王闓運、鄧輔綸、鄧繹、李壽蓉、龍汝霖等人詩文唱和。

　　咸豐元年（1851 年）：太平天國起義爆發，推遲三年一次的「鄉試」。

　　咸豐七年（1857 年）：以廩生考中舉人。

　　同治元年（1862 年）：協助陳啟邁編纂《武陵縣志》，擔任採訪工作，展現其對地方文獻整理工作的熱情。

　　同治四年（1865 年）：賜進士出身，選翰林院庶吉士

　　這段時期，劉鳳苞致力於讀書仕進，亦春風得意。

〔註8〕關於劉鳳苞的出生年份，有「1821 年、1824 年、1826 年」三種說法，而其中又以 1826 年的記載最為豐富，且能由官方文獻紀錄、檔案材料與私人文集中得到印證，故信為此年。關於其出生年份之說，詳見於華雲剛：《劉鳳苞及《南華雪心編》研究》（南京：南京師範大學中國語言文學系博士論文，徐克謙先生指導，2016.4），頁 5～6。

（二）轉折期

同治七年（1868 年），為劉鳳苞人生的轉折，自此開始其長達二十多年顛沛流離的仕宦生涯。

同治七年（1868 年）：翰林院庶常館散館，劉鳳苞被授予雲南祿豐縣知縣。早於咸豐六年（1856 年）：雲南即爆發杜文秀領導的回民起義，而祿豐縣亦於同治六年被攻陷，面對此困境，劉氏云：「世路多崎嶇，艱險誰能避？欲乘下澤車，恐非平生志。十載戀京華，成名苦未早。通籍愧少年，華髮漸以稿。一官墮南荒，安危係懷抱。」（《戊辰散館改官滇南留別都門諸君子》），雖初步體驗人生艱險，仍想藉此建功立業，自許：「慷慨倚長劍，南望嫖姚營。……立功靖邊塞，勿為區區名。」（《赴官滇南舟發朗江留別送行諸君子》）。

同治九年（1870 年）：劉鳳苞調任元江州知州。當時清軍正圍剿杜文秀，劉鳳苞一面募兵集糧，一面安撫百姓、減輕賦稅。即便戰事頻繁，仍然重視地方教育，並親自於禮江書院主講，以教育人民為己任，深受士民愛戴。其後又調任大理府、永昌府、順寧府等地，依舊體恤民情、關心民間疾苦，因而受到人民敬重。但因好發奇論，故亦受到他人嫉妒，招來誹議與毀謗，其詩云：「入世良獨難，孤憤誰能議。十年戎馬間，出沒逐輕騎。題詞遍江南，哀歌動鼓吹。奇氣驚座中，每攖流俗嫉。世途多齟齬，智巧重趨避。枯桐明素心，至今肖憔悴。駿馬空其群，監車非所致。」（《將赴元江任所留別程伯岐刺史》之二）」這些年的生活，劉鳳苞察覺自己不為世俗所容，因而開始評注《莊子》，藉以尋求慰藉。

光緒十年（1884 年）：因事革職。作詩云：「寒雲禮虬松，涼風颯然至。春陽變秋肅，本性終不易。……鷺鶴空其群，偉哉廟廊器。如何失美蔭，修翎忽墮地。謗書或盈筐，俯仰盛衰異。」（同上《王雁峰前輩以詩見贈……》）可見劉鳳苞的個性孤傲，不願與世俗為伍，雖屢遭毀謗以致終被彈劾，仍然「本性不易」，展現了傳統知識份子的骨氣與品格。

（三）返鄉期

罷官返鄉後，劉鳳苞致力於家鄉的文教事業。先主講朗江書院，後應桃源縣縣令良棟之請纂修《桃源縣志》，展現其對地方文獻整理之熱情。

光緒二十年（1894 年）：劉鳳苞出任長沙三大書院之一的城南書院山長。

光緒二十九年（1903 年）：湖南師範館創建後，劉鳳苞擔任師範館監督。

光緒三十一年（1905 年）：劉鳳苞病逝。

劉鳳苞晚年雖隱居鄉里，仍心繫國家。面對甲午戰爭、列強侵略，劉鳳苞憂心忡忡，於詩作中云：

> 大地皆積小，圜海浮十洲。中原一黑子，何復論邊陲！蠻觸據蝸國，蠢蠢動戈矛。漏厄不早塞，重為司牧羞。奮身戎馬間，志欲殲仇讎。追隨慕李廣，談笑輕馬周。……萬事不復道，且復盡一甌。人生寄天地，有如乘芥舟。借問漆園吏，濠梁尚在不？（《奉酬張小伊太守見贈五古即次原韻》）

詩文中展現了劉鳳苞願赴沙場，共復國難的豪情壯志。無奈年事已高，故有壯志未酬的感慨。光緒二十四年（1898年），梁啟超、譚嗣同等人推動戊戌變法，劉鳳苞同王先謙、葉德輝等鄉紳聯名向湖南巡撫陳寶箴遞呈《湘紳公呈》，攻擊二人為「康門謬種」，表現出對變法的不滿與仇恨。

> 大壑產良材，什百得一二。西學變華風，專門擅奇異。坐使古神州，喪師更失地。布衣操國權，變法尤專恣。傷哉吾道孤，獨醒眾皆醉。危機有轉圜，辨奸申大義。王章何森嚴，鑄鼎象群魅。竄身荒裔間，狡兔已先避。回道望中原，應墮逐臣淚。（《勉吾大令於宅西闢地數弓……》之一）

> 通經能致用，絕學有薪傳。……舊學日以蕪，新黨更蔓延。平等創奇論，自主重民權。倫理蔑君父，經義薄註箋。王章如可逭，流毒遍垓埏。聖哲難久蔽，犀炬照重淵。一朝罹法網，機巧亦徒然。偽書付秦火，掃蕩如雲煙。斯文能再振，皎日麗中天。（同上）

於此亦可知劉鳳苞的思想趨於保守。

整體而言，劉鳳苞一生經歷了太平天國起義、回民起義、洋務運動與戊戌變法，見證了清代社會的動盪與變革，再加上其自身的際遇，因而使他既有儒家經世濟民的抱負，亦有道家超然物外、清虛無為的人生觀。

二、劉鳳苞交遊

與劉鳳苞交遊者中，較知名者為王闓運和王先謙，二人皆其湖南同鄉。

就詩而言，王闓運擅經學與詩藝，注解經書時有一個特點，喜歡「引莊入經」，將諸子（主要為老莊）之學融入經學，縱橫論述千古儒學之反戰脈絡。﹝註9﹞」

﹝註9﹞張在興：《論王闓運的經學思想》，《晚清湖南學術與思想》（湖南師範大學出版社，2006），頁275。

其詩宗漢魏六朝，時人稱「湖湘派」；劉鳳苞於詩歌創作上亦取法漢魏晉六朝，二人詩趣相投。於學術思想上，王闓運亦喜愛讀《老》、《莊》，著有《老子注》和《莊子內篇注》，二人皆受到道家的影響。

劉鳳苞與王先謙相差十六歲，於同治四年（1865 年）同科考取進士，並選為翰林院吉士，彼此在論文或治學上有相似的地方，最顯著者，即他們的文章觀皆宗法桐城派。王先謙嘗云：「采九與余論文尤相契也」（《晚香堂賦鈔序》）。於學術思想上，王先謙對《莊子》亦有研究，曾參訂劉鳳苞所撰的《南華贅解》。對劉鳳苞的注莊，簡評為：「所注《莊子》得古人著書微旨。」（同上），王先謙後來亦完成《莊子集解》一書。此書引用宣穎《南華經解》的資料甚多，與劉鳳苞的情形相同，其原因或許與他們宗法桐城有關，但二人的治莊風格仍有區別。以劉注而言，注文具文采，作者的才氣可見一斑，王先謙亦曾稱讚劉鳳苞：「采九工為詩文詞……其科舉之學如制藝試帖詩皆陸續行世，律賦誠不足盡采九之長，惟其才氣不可掩抑，充然自足於筆墨之外，幾不能測其為六十許人。」（同上）。於政治態度上則趨於保守。反對改革，曾一致反對戊戌變法。

三、《南華贅解》與《南華雪心編》

劉鳳苞注解《莊子》，除《南華雪心編》，尚有《南華贅解》一書。

《南華贅解》現存兩種版本：一為分卷、一為不分卷，皆為手抄本，並藏於山西省圖書館。劉鳳苞於《南華贅解·序》曰：「光緒三年歲次丁丑重陽後五日，武陵劉鳳苞采九氏於順寧府署之晚香堂。」由此可知，劉鳳苞於光緒三年已完成評注《莊子》的基本工作，但本書僅是階段性成果，最終定本為光緒二十三年（1897 年）所刊刻的《南華雪心編》。《南華贅解》一書反映了劉鳳苞莊學思想發展的歷程，並由根本上決定了評點方法、體例、內容等。

四、《南華雪心編》的版本與體例

《南華雪心編》今有清光緒二十三年晚香堂刊本，凡八卷。書前除了有李泰開光緒二十三年序和劉鳳苞光緒三年自序之外，尚有吳樹梅光緒二十五年序、李世熙光緒二十六年序，置於李、劉二序之前，當是重印時增加的。現今學界，嚴靈峰、方勇分別據此刊本影印，收入所編纂的《無求備齋莊子集成初編》和《子藏·道家部·莊子卷》。另外，方勇更以晚香堂刊本為底本來作點校。本文即以方勇點校本作為文本依據。書中包括：篇首總論、夾注夾評、段

落分析及眉批。對前人意見未能於夾行評注中悉載者，則列於頂格之上作為眉批。全書評注，多採錄清代林雲銘《莊子因》、宣穎《南華經解》、陸樹芝《莊子雪》三書。又特別依宣穎《南華經解》的「義例」進行拓展與發揮，遂使由宋林希逸《莊子口義》、劉辰翁《莊子南華真經點校》和晚明陸西星《南華真經副墨》等所開啟，後經林雲銘、宣穎、胡文英、陸樹芝等積極推進的《莊子》散文研究，達到了頂峰。

現將二書相較，刊本對手抄稿或增或刪，幾乎隨處可見，最為明顯的是增加了大量郭象注語和陸樹芝等人的評注文字，甚至將手抄稿夾注中所引許多前人文字移到了眉欄中。但其中的段評文字變化不大，《南華雪心編·自序》也大致與《南華贅解·自序》相同。

《南華雪心編》之體例，依其〈凡例〉所敘，主要有以下數項：

1. 依宣穎義例，於各段另起處用大圈以清界限。

2. 引證諸家註解，均在本註外用小圈以區別。先引郭象註而後再引諸家，皆摘其精要批註加以發揮，夾行註解未能全部收入的，則載列於頂格之上。

3. 每篇總論，每段分解，皆折衷諸家，而參以己見。

4. 所取諸家主要為郭註、宣穎註，此外有林西仲、胡繩巖、陸樹芝注。

5.〈讓王〉以下四篇，非莊子所作，因其舊名，存而不論。〈天運〉等篇多膚淺平庸之筆，悉依舊註為之指摘瑕疵。

五、「以儒解莊」的發展〔註10〕

關於「以儒解莊」的發展，茲依時代先後說明：

（一）宋代

王安石《莊子論》云：

> 昔先王之澤，至莊子之時竭矣，天下之俗，譎詐大作，質樸並散，雖世之學士大夫，未有知貴己賤物之道也，棄絕乎禮樂之緒……莊子病之，思其說以矯天下之弊，而歸之於正也。〔註11〕

王安石以為先王之道至莊子之世已亡，導致純樸風氣散亡，訐邪並起，莊子為

〔註10〕關於「以儒解莊」的發展脈絡與劉鳳苞「以儒解莊」的特色，茲參考華雲剛：《劉鳳苞及《南華雪心編》研究》（南京：南京師範大學中國語言文學系博士論文，徐克謙先生指導，2016.4），頁141～147。

〔註11〕王安石：《莊子論上》，《莊子序跋論評輯要》（湖北：湖北教育出版社，2001），頁241。

矯正棄絕禮樂之緒，故作《莊子》以回復上古之道，由此可知莊子著書是立基於維護儒家的立場。王雱亦以為「莊子之書，其通性命之分，而不以死生、禍福動其心。其近聖人也，自非明智不能及此明智矣。〔註12〕」蘇軾《莊子祠堂記》亦云：「余以為莊子蓋助孔子者」、「陽擠而陰助之」、「其尊之也至矣」〔註13〕認為莊子非常敬重孔子，表面上排擠儒家學說，實際上暗中宣傳儒家思想。自此之後，此種觀點便常出現於歷代注解《莊子》的著作中。

（二）明代

《莊子》學發展到了明代，學者對於莊子與儒家間的關係，亦多有不同的見解：

1.《莊子》與儒學並行不悖

朱得之《莊子通義·序》云：

> 或乃以其命辭跌宕，設喻奇險，遂謂其荒唐謬悠，與《詩》《書》平易
> 中常者異，而擯黜於儒門。不知其異者，辭也；不異者，道也。〔註14〕

朱得之以為，若就「辭」而言，《莊子》用詞未若《詩》《書》平易，甚至「荒唐謬悠」，故謂其與儒學相異；但若就「道」而言，兩者並非相異。

2.《莊子》與六經異而有同、且有助於六經

孫應鰲《莊義要刪·序》云：

> 《序》外自有此一家（指儒家「六經」說）奇特警世、環瑋不常之
> 撰，以震耀人耳目心志，非與六經乖反，抑且成濟六經。故齊桓輪
> 扁之喻，老聃迹履之喻，正示人當自信自證，勿徒附會緣飾於是書
> 也。故泥六經以讀莊，則莊無稽；執六經以讀莊，則莊無用；外六
> 經以讀莊，則莊無據；融六經以讀莊，則莊無杵心。有識有主，知
> 其所異於聖人如何，所同於聖人如何，所同而異、異而同如何，斯
> 其實睹矣。〔註15〕

孫應鰲認為，《莊子》不但未與「六經」相異，反而有助於六經，關鍵在於「讀

〔註12〕王雱：《南華真經拾遺》，《莊子序跋論評輯要》（湖北：湖北教育出版社，2001），頁247。

〔註13〕蘇軾撰，孔凡禮點校：《蘇軾文集》（北京：中華書局，1986），頁347。

〔註14〕朱得之：《莊子通義》，《子藏·道家部·莊子卷》第31冊（北京：國家圖書館出版社，2011），頁199～201。

〔註15〕孫應鰲：《莊義要刪》，《子藏·道家部·莊子卷》第38冊，頁469～470。

莊」的方式，若是以「泥六經」、「執六經」、「外六經」等方式，兩者自是相違。
但若能以「融六經」的方式解經，則「莊無杵心」，《莊子》與「六經」實不相
悖。

3.《莊子》是儒學附庸和必然的成分之一

歸有光《南華真經評注・序》：

> 無論其曰父子不可解於心，君臣無所逃於天地。旨意粹然無謬於九
> 經，而奕愷宏緯，足為天下萬世詔。間有詆訾孔氏而陰實尊崇之，
> 何其滑邪？〔註16〕

歸有光以為，《人間世》中「子之愛親，命也，不可解於心；臣之事君，義也，
無適而非君也，無所逃於天地之間。」的思想，無悖於九經。《莊子》中即使
夾雜詆訾孔子的言論，私下其實是尊崇孔子的。

4.《莊子》與儒學之道相同不異

金兆清《莊子榷・序》云：

> 聖人教人以忠孝之格言，不過如是（指「六經「說」）。其杜機、杜
> 榷、太沖莫勝即《中庸》之黯然，《大易》之退藏於密……《南華》
> 之漾得兩先生而曠若發蒙，知非為孔孟之外道。〔註17〕

金兆清認為莊子是以《中庸》、《易》思想詮釋《莊子》，由此推定《莊子》「非
為孔孟之外道」，即將《莊子》納入到儒家的思想領域中。

5. 莊子尊重孔子

方以智《藥地炮莊・天下》首段解曰：

> 此篇議論正與（指孔子之集大成者）相同。以無為為宗，以德為本，
> 以道為門，兆於變化，謂之聖人。如不稱孔子，又誰能當此稱乎？
> 莊子欲復仲尼之道而非其時，逐高言以矯卑，復樸以絕華，沉濁不
> 可莊語……嗚呼！諸子何嘗不尊仲尼哉？知其所以尊者，莫如莊。
> 學子致知於言外可也。〔註18〕

方以智認為，僅有孔子足以稱起〈天下〉篇中「聖人」的稱號而推崇孔子，並
以為，諸子都是尊崇孔子的，將諸子百家都納入儒家思維中。

〔註16〕歸有光批閱，文震孟訂正：《南華真經評注》，《子藏・道家部・莊子卷》第 61
　　　冊，頁 21～22。
〔註17〕金兆清：《莊子榷》，《子藏・道家部・莊子卷》第 74 冊，頁 263～264。
〔註18〕方以智：《藥地炮莊・天下》，《子藏・道家部・莊子卷》第 87 冊，頁 720。

（三）清代

「以儒解莊」的模式，發展到了清代仍舊盛行，劉鳳苞亦然。其於《南華雪心編・凡例》中云：

> 《南華》空靈縹緲，絕妙文心。郭註雖精，而文法則為屐齒所不及。後來註解，惟宣茂公分肌析理，論文最詳，故篇中證引頗多。此外如林西仲、胡繩巖、陸樹芝，高論卓識，曠若發矇。參匯諸家，始能窺見《南華》妙境。〔註19〕

故知其評注《莊子》，受林雲銘、胡文英、陸樹芝、宣穎、等人影響甚深。

林雲銘《莊子雜說》開首便云：

> 莊子是另一種學問，與老子同而異，與孔子異而同。今人把莊子與老子看作一樣，與孔子看作二樣，此大過也。〔註20〕

> 莊子宗老而黜孔，人莫不以為然。但其言曰：《春秋》經世，先王之治，聖人議而不辨，何等尊崇孔子！若言其宗老也。則「老聃死」一段何又有「遁天倍情」之議乎？要知著書之意是非固別有在，難與尋章摘句者道也。〔註21〕

以為《莊子》與孔子異而同，並舉〈齊物論〉「春秋經世先王之志，聖人議而不辯」一文，說明莊子是尊崇孔子的。

此外，胡文英於《莊子獨見・天下篇》中評曰：

> 至天神、至聖不離「真人」之號，鄒魯《六經》不置進退之辭，隱然見根柢出於聖門，變化裕於全德。無可奈何而托空言以救世，較之百家「時有所用」而「不該不遍」，惠施通為之說而存雄無術，相隔楹莛。〔註22〕

以為〈天下〉篇中的「真人」，是根源於儒家；用詞所以空靈縹緲，是無可奈何，但「救世」是莊子的終極目標，可見「以儒解莊」的思想深埋其中。

陸樹芝《莊子雪・自序》曰：

> 既乃取龍門之《傳》、東坡之《記》，述論於前，以明其無罪，而大白其維持《六經》之功。雖不敢說自謂比當，而開卷了然，無復沉

〔註19〕劉鳳苞撰，方勇點校：《南華雪心編》，頁1。
〔註20〕林雲銘著、張京華點校：《莊子因》（上海：華東師範大學出版社，2011），頁7。
〔註21〕林雲銘著、張京華點校：《莊子因》，頁8。
〔註22〕胡文英著、張花蕾點校：《莊子獨見》（上海：華東師範大學出版社，2011），頁268。

悶，似撥雲霧而對皎雪也，遂名之曰《莊子雪》，據所見也。〔註23〕
顧其書自太公以來，皆以為宗老氏而詆訾孔子之徒，無法甚矣！……
《南華》者，以異說掃異說，而功在《六經》者也……其言私大不
經，而實本於《大易》太極之理，所謂虛而有實也。欲為自是而下
貶，故極言是非之無定，並聖賢仁義，都非至是。言似詆訾前聖，
菲薄仁義，而其意正欲令自比聖賢，假託仁義者，更無地可以自容，
所謂「不可與莊語」，乃譎以出之者也。〔註24〕

陸樹芝以為莊子著書，在以其寓言掃蕩當時儒家之外的異說，其真實目的仍在
維護儒家《六經》之學，故其思想根本於《大易》太極之理。《莊子》中的言
詞雖多處似在詆毀儒家先聖先賢、鄙棄仁義之術，其實是欲使那些自以為聖賢
仁義的人無地自容，故往往出現戲謔的詞語。

宣穎〔註25〕也以為「莊子學於子夏，所稱夫子多係孔子」(《齊物論》解)。
他說：

蓋自孔子沒而微言絕，七十子喪而大義乖，堯桀之誹譽與儒墨之是
非，至今而未有以明也。……當是時，儒之嫡傳有子思、子夏，周
之傳出於子夏之門人，軻之傳出於子思之門人，孟猶之嫡傳而莊其
別傳也。……至於處士勢橫，人心流極，由是後世一變，而競趨於
空無之學，空無曷可為久道也？惟蒙莊者，獨與精神往來，而不敖
睨於萬物，有以見儒者一宗，蕭邈希微，常行於人倫物則之際，而
孔孟之嫡傳，宛然其未亡，然則莊子之傳，非別子，固大宗也。
〔註26〕(《序》)

宣穎認為，莊子是子夏門人之徒，是「別傳」；孟子是子思門人之徒，是「嫡
傳」。發展到了明清時期，理學家空談心性，唯有「獨與天地精神往來，而不
敖睨於萬物」的莊子，方能繼承孔孟之道。故宣穎在注解《莊子》時，常出現
推尊孔子的注語，如《田子方》篇「莊子見魯哀公」一節，宣穎注云：「獨有
一丈夫，蓋真儒也。其人為誰？非吾夫子不足以當之。夫子為哀公時人，莊子

〔註23〕 陸樹芝著、張京華點校：《莊子雪》(上海：華東師範大學出版社，2011)，頁
4。
〔註24〕 陸樹芝著、張京華點校：《莊子雪》，頁 11～21。
〔註25〕 關於宣穎「以儒解莊」的思想特色，茲參考方勇：《莊子學史·第三冊》(北京：
人民出版社，2008)，頁 91～97。
〔註26〕 宣穎：《南華經解》(廣州：廣東人民出版社，2008)，頁 1。

蓋寓言，特尊吾夫子一人為真儒也。〔註27〕」莊子撰寫此則寓言，只推尊孔子一人是「真儒」而已，整部《莊子》，也大半依此模式寄寓莊子對孔子的推尊。

此外，宣穎注解《莊子》，於兩方面明顯地呈現了「以儒解莊」的特色：

1.《莊子》之書與《中庸》相表裡

宣穎認為，《莊子》與《中庸》在道論方面具有「相表裡」的特徵；其解〈知北游〉云：

> 極寫道之用至費，體至隱，無非自然。……寫道只是一「無」，若莊語之，便是《中庸》末後一節文字，細細讀之，自解人頤。〔註28〕

又以《中庸》的「誠」字注解《莊子》的「真」字；其注〈田子方〉云：

> 「真」字便是孔門「誠」字，誠者，一也，如神也，物之終始也，無息也，無倚也，無聲無臭也。了此數句便盡此篇之義。可惜學者先不識「誠」字，無怪其以南華為彼家言矣。〔註29〕

宣穎以為，莊子的「真」即是孔門的「誠」，「誠」字便可概括〈田子方〉一篇的文義；但後代學者不知「誠」字何解，因此誤以為《莊子》不屬於儒家之學。

2. 以孔顏心學來闡釋莊子的「逍遙」義

宣穎解〈逍遙游〉云：

> 〈逍遙遊〉一篇文字，只是「至人無己」一句文字。「至人無己」一句，是有道人第一境界也。語惠子曰：「何不樹之無何有之鄉、廣莫之野，仿徨乎無為其側，逍遙乎寢臥其下。」是學道人第一工夫也。「克己」二字，孔子嘗言之，被先儒解吃力了，讀莊子「無己」，便以為放蕩無稽，殊不思孔子對學者說個「克己」，莊子就至人說個「無己」，未為少謬也。倘不欲「無己」，又何為而「克己」也哉？莊子作文，為千古學人解粘釋縛，豈宋儒能測其涯涘耶？故竊謂孔子之絕四也，顏子之樂也，孟子之浩然也，莊子之逍遙遊也，皆心學也。……簞瓢陋巷之子，不改其樂，以為樂簞瓢陋巷，是樂貧也。樂貧，是見有我之處貧也，非樂也。以為非樂簞瓢陋巷而樂道也，樂道，是見有我之處道也，亦非樂也。然則其樂不容言也，不容言而已始化矣。故曰顏氏之子坐忘也，此可以言逍遙遊也。……莊子

〔註27〕宣穎：《南華經解》，頁145。
〔註28〕宣穎：《南華經解》，頁150～154。
〔註29〕宣穎：《南華經解》，頁142。

點化惠子收尾處數句，純是說心學上事，卻特意點破「逍遙」二字，
其教後來學人深矣。〔註30〕

宣穎將《逍遙遊》篇的主旨概括為「至人無己」，並指出莊子的「無己」並非宋
儒所謂的「放蕩無稽」，乃是孔子的「克己」、顏回的「坐忘」，因此莊子所追求
的逍遙遊，即為孔子所謂「毋意、毋必、毋固、毋我」（《論語·子罕》）、顏回
所堅守的「一簞食，一瓢飲，在陋巷」而「不改其樂」（《論語·雍也》）之境界。

因承前列歷代先賢，劉鳳苞「以儒解莊」的特色也甚為明顯，主要展現在
四個方面：

1. 對儒家思想的辯護

如〈齊物論〉：「故有儒墨之是非」下注云：「儒墨二家又取小成、榮華而
分別是非，莊子〈齊物論〉正為二家痛下鍼砭。」又引陸註：「凡莊子稱儒墨，
非以孔子與墨者並譏也，蓋指竊儒者之糟粕而宗墨氏之詭異者，即〈徐無鬼〉
魯遽、楊、墨、施、秉之徒是也。〔註31〕」以為稱「儒墨」，並非指「孔子、
墨子」，而是指剿竊儒墨學說末端的那些人。

2. 直接將《莊子》思想與儒家經典中的思想做關聯和比較研究

如〈養生主〉篇前總論說：「不以心捐道，不以人助天，即孟子所謂『直養
無害』者也。〔註32〕」以孟子的「浩然之氣」注解「不以心捐道，不以人助天」。

3. 反轉《莊子》文意，認為《莊子》尊崇孔子以及儒家思想

如〈田子方〉：「獨有一丈夫，儒服而立乎公門」下注云：「誰邪？當是暗
尊孔子。〔註33〕」明是反轉莊子文意，維護孔子及儒家思想。

4. 為了尊崇儒家，劉鳳苞甚至將所有的批判轉嫁到其他諸子身上

如〈人間世〉：「魯有兀者叔山無趾，踵見仲尼」一文，引陸樹芝注云：
莊子要闡辯者之徒簧鼓天下，每竊先聖之糟粕以為口實，因並將孔
門講學亦視為桎梏，則若輩之為天刑更不問可知。讀者須得言外之
意，乃知莊子不是詆訾孔子，正訕笑惠施輩耳。〔註34〕
明是將《莊子》對孔子的批評移轉到惠施身上。

〔註30〕宣穎：《南華經解》，頁2。
〔註31〕劉鳳苞撰，方勇點校：《南華雪心編》，頁33。
〔註32〕劉鳳苞撰，方勇點校：《南華雪心編》，頁67。
〔註33〕劉鳳苞撰，方勇點校：《南華雪心編》，頁487。
〔註34〕劉鳳苞撰，方勇點校：《南華雪心編》，頁124。

第三章　本體論與宇宙論

第一節　道的質性

　　《莊子》對「道」的描述遍見於全書,然其思想之精純,〈內七篇〉顯然較〈外篇〉、〈雜篇〉為佳。故凡論及莊子思想,大抵以〈內七篇〉為主,〈外篇〉、〈雜篇〉為輔,而其中〈大宗師〉對「道」的描述最為完整,云:

　　　　夫道,有情有信,无為无形;可傳而不可受,可得而不可見;自本
　　　　自根,未有天地,自古以固存;神鬼神帝,生天生地;在太極之先
　　　　而不為高,在六極之下而不為深,先天地生而不為久,長於上古而
　　　　不為老。〔註1〕

「道」為真實的存在,故謂之「有情有信」;但卻是「无為无形」。「道」雖真實可期可信,然其作用於萬物之上是以「无為」的方式,此「无」並不是「沒有」或實有層上的否定,乃是「作用的保存〔註2〕」,順萬物之本性而任其自

〔註1〕郭慶藩輯:《莊子集釋》(台北:河洛圖書出版社,1980.8 臺影印初版),頁 244。
〔註2〕牟宗三云:「道家說『絕聖棄智』、『絕仁棄義』,並不是站在存有層上對聖、智、
　　　仁、義予以否定。……而是從作用層上來否定。『絕』、『棄』是作用層上的否
　　　定字眼,不是實有層上的否定。……道家只是順著儒家,你儒家正面肯定聖、
　　　智,仁、義。好!我問你一個問題,你如何把聖、智、仁、義以最好的方式體
　　　現出來呢?……這是 How 的問題。既是 How 的問題,那我也可以說你是默默
　　　地肯定了聖、智、仁、義!當然可以這麼說,但它不是從實有層上、正面原則
　　　上去肯定,它的肯定是作用中的肯定。我就給它找一個名詞,叫做:作用地保
　　　存。……道家既然有 How 的問題,最後那個 What 的問題也可以保住。既然
　　　要如何來體現它,這不是就保住了嗎?這種保住,就是「作用地保存」對聖、
　　　智、仁、義,可以作用地保存得住。因此不能把道家的『絕』、『棄』解錯了。」
　　　牟宗三《中國哲學十九講》(台北:台灣學生書局,2002.8),頁 133～134。

化，而「道」雖為真實的存在，卻無具體形貌，即非經驗界之物。此處將「道」置於形而上之境，由此歸納出道為「形而上的存在」，雖為真實存在，但無形體可察；雖然真實，然其對於萬物乃以「順其自然」的方式作用，為一超越的存在。說道「可傳」、「可得」，但「不可受」、「不可看」，意在強調人面對「道」僅能靠心領神會，無法以外在感官去知覺它，因為道非經驗界的實體對象。

　　其次，在生化過程中，「道」自為本根，無法再向上追問其來源。而此自為本根的存在，在未有天地以前即已存在，說明了道的「先天性」。「自古以固存」，更強調「道」為超越時間的先天存在。「神鬼神帝」、「生天生地」，「未有天地，自古以固存」，除了強調道的先天性與永恆性外，也進入宇宙論的範疇，唯此「生」並非如現象界裏有形的創生。「道」除了創生天地，同時亦創生了萬物，其中特別強調了「鬼」、「神」、「帝」，「神」即「神人无功」之意，與上句合而觀之，「生」、「神」大抵指「不生之生」，「生而不有」。「道」創天地萬物，乃是順其本有之性使自生，非以外力干涉，更不以此為功。若由「空間」角度說明，「在太極之先而不為高，在六極之下而不為深」，所謂「高」、「深」為一相對的空間概念，但道已超越了此相對空間，為形上的無限存在。由「時間」角度說明，「先天地生而不為久，長於上古而不為老」，「久」、「老」亦是相對的時間概念，「道」並非相對的有限時間概念，為一絕對永恆的存在，故曰：「不為久」、「不為老」。

　　由上述的分析，對於莊子「道」的概念，能歸納出以下幾個特點：

　　1. 就「本體」而言，道為形上超越且永恆的存在。

　　2. 就「宇宙論」而言，道為生化天地萬物的根本，且自為根源，無有更高來源。

　　3.「道」並非一般感官知覺對象，無法透過語言言傳，達成與感官相應。

　　牟宗三因以為，道家所謂的「道生」，非實體義的創生，乃是「不生之生」，它說：

> 道家的道和萬物的關係就在負責萬物的存在，籠統說也是創造。……
> 但照道家的講法這生實在是「不生之生」。儒家就是創生，中庸說「天
> 地之道可一言而盡也：其為物不貳，則其生物不測。」那個道就是
> 創生萬物，有積極的創生作用。道家的道嚴格講沒有這個意思，所
> 以結果是不生之生，就成了境界形態，境界形態的關鍵就寄託於此。
> 因此創造 creativity，creation 用在儒家是恰當的，卻不能用於道家，

　　至多籠統地說它能負責物的存在，即使物實現。「實現」更籠統，說
　　創造就太落實了。所以我們不要說創造原則，而叫它「實現原則」
　　（principle of Actualization）。〔註3〕

　　事實上是它自己生，這就是不生之生，就是消極的意義。⋯⋯這是
　　要你讓開一步，你若操縱把持它，它不能生長就毀滅了。〔註4〕

依《中庸》之說，儒家道生物之「生」，為「創生」的積極意義。道家的「生」，
就形而下的萬物而言，僅是讓開一步，讓萬物順其性而自生，道只呈現資源與
條件，不操作萬物的生長。所以萬物其實是「自己生」，道僅「負責萬物的存
在」，「使物實現」。因而此「生」字以「實現」、「呈現」、「展現」釋之較合適，
故謂之「不生之生」，是消極意義之生。正因「道」之「生」為「不生之生」，
故道家屬於「境界型態的形而上學」。

　　道家式的形而上學、存有論是實踐的，實踐取廣義。平常由道德上
　　講，那是實踐的本義或狹義。儒釋道三教都從修養上講，就是廣義
　　的實踐的。儒家的實踐是 moral。佛教的實踐是解脫，道家很難找個
　　恰當的名詞，大概也是解脫一類的，如灑脫自在無待逍遙這些形容
　　名詞，籠統地就說實踐的。這種形而上學因為從主觀講，不從存在
　　上講，所以我給它個名詞叫「境界形態的形而上學」；客觀地從存在
　　講就叫「實有形態的形而上學」。〔註5〕

道家的形而上學、存有論，若由廣義的實踐角度，如「無待」、「逍遙」而言，
是可成立，但此種形而上學因為從「主觀」講，不從「存在上」講，故名之曰
「境界形態的形而上學」，而其關鍵仍在於「生」為「不生之生」。

　　綜而言之，道家先客觀肯定了道為創生的本體，然就其實，此「生」為「不
生之生」，是道讓開一步，使萬物順性自生，於是此客觀的實體轉成主觀的境
界，且為「觀照的境界〔註6〕」，是「境界形態的形而上學」。

　　劉鳳苞注解《莊子》時，是否仍保有莊子「道」的這些特質？至少可由以
下幾個面向分析：

〔註3〕牟宗三《中國哲學十九講》，頁104。
〔註4〕牟宗三《中國哲學十九講》，頁107。
〔註5〕牟宗三《中國哲學十九講》，頁103。
〔註6〕牟宗三云：「老子講「歸根復命」，我一歸根，天地萬物通通歸根復命，一起升
　　　上來，所以道家是個觀照的境界、藝術的境界。」牟宗三《中國哲學十九講》，
　　　頁426。

一、超越性

就「本體論」而言，莊子的「道」為形而上，超越且永恆的存在，劉鳳苞作注時，保有此義。云：

> 萬物未生，即有太極，道更處乎太極之先；天地初開，即有六極，道更淪於六極之下。至高至深者道之量，而不見為高深者道之化也。先天地生，則能覆載天地而不遺，而天地之覆載萬物者皆居其後也；長於上古，則能幹運古今而不息，而古今之幹運世會者莫為之前也。
> 〔註7〕（〈大宗師〉）

由「萬物未生，即有太極，道更處乎太極之先」數句，大抵已展現出劉鳳苞詮釋莊子時的宇宙論架構為：「道→太極→萬物」，其中「道」與「萬物」非同一層次上的概念，且「萬物」為「道」所生。而「道更處乎太極之先」、「先天地生」、「長於上古」數語，由「時間」上說明了道乃超越時間的限制，為一永恆的存在；其次，「道更淪於六極之下〔註8〕」、「至高至深者道之量，而不見為高深者道之化也」，則由「空間」的角度說明，道乃超越了形象的限制，「不見」二字泯除了道之「迹」，使「道」成為一「見而不見」的存在。合二者觀之，可將「道」定義為「形而上的超越」存在，它超越了時間、空間等相對概念而為永恆的無限。

二、根源性

劉鳳苞於〈大宗師〉注中云：

> 欲窮其本根，則天地萬物皆以道為根本，而道則自本自根。神鬼神帝，不神之神；生天生地，不生之生。天地神鬼，無非道之所貫注。
> 〔註9〕（〈大宗師〉）

此處劉鳳苞直言「天地萬物皆以道為根本」，故知「道」為天地萬物創生的根源，但又是誰創生了「道」呢？「道則自本自根」，並無另一生道者。換言之，「道」為最高存在，是天地萬物生化的根源，道即本根，又自為本根。接著說明道創生「天地」的方式，乃「不神之神」、「不生之生」，意謂著道生物不同

〔註7〕劉鳳苞撰，方勇點校：《南華雪心編》（北京：中華書局，2013），頁158。

〔註8〕王俊彥云：「言『道更淪於六極之下』乃進一步強調道通過太極貫注於天地六極中，知道不只是理性上的所以然，也是實然世界的然與所以然。」〈劉鳳苞《南華雪心編》的氣論〉，《諸子學刊》第十四輯（2019.3），頁298。

〔註9〕劉鳳苞撰，方勇點校：《南華雪心編》，頁157～158。

於實體義之生，是「神」而「不神」，「生」而「不生」，以一種「自然」、「無為」、「不恃其功」的方式進行。有關「道生」的具體說明，則留待後節「道與物」中再詳細闡明。最後，再由「天地神鬼」的角度，說明其皆為「道之所貫注」，除了「道」為萬物生化根本之外，「道」亦遍在於萬物之中。

三、遍在性

　　關於道的遍在性，劉鳳苞以為「天地神鬼，無非道之所貫注。〔註10〕」（〈大宗師〉）、「先天地生，則能覆載天地而不遺。〔註11〕」（〈大宗師〉）。天地萬物，無一物非道所生，故曰：道「覆載天地而不遺」。由「物」的角度來看，「道」同時遍在於「物」之中。劉鳳苞於〈大宗師〉說：

> 是莊子勘破生死關頭，見大道無形無象，一切有形有象者皆受其陶鎔；大道無始無終，一切成始成終者皆歸其運化，接續無窮，如子孫之承其宗祧，範圍不過。〔註12〕（〈大宗師〉）

以上明言道雖無形象，非現象界的實體，但一切經驗世界中有形象的實體，皆受道的「陶鑄」。易言之，天地萬物皆為道生，因而道遍在於萬物之中。注〈知北遊〉「東郭子問於莊子曰：『所謂道，惡乎在？』莊子曰：『无所不在。』」一節後，劉鳳苞云：

> 道在於無，一落形迹之粗，已非道之本體矣。然有形者皆無形之道所呈，故曰無所不在。期定何者是道？則任舉一物可以見道。螻蟻稊稗，瓦甓屎溺，信手拈來，極瑣屑，極粗淺，幾於卑無高論，而問道者既以為期而後可，執定有形，則凡物之賦行者，皆不能逃乎道之外。……前是以物之有際者明道下而至於螻蟻、稊稗、瓦甓、屎溺，皆道之即物而存也；後是以道之無際者宰物，顯而徵於盈虛衰殺本末積散，皆物之載道而行也。〔註13〕（〈知北遊〉）

「道在於無，一落形迹之粗」兩句，說明了道生物的模式乃是由「無」至「有」的變化。道為形而上的超越存在，是「無」，一旦生物，便落實而為「形迹之粗」，有了形象，便是「有」。雖然「道」性已向下貫注、陶鑄萬物，然萬物自身所具之道已與形而上的「道」不同。形而上的「道」一旦落實於形而下，便

〔註10〕劉鳳苞撰，方勇點校：《南華雪心編》，頁158。
〔註11〕劉鳳苞撰，方勇點校：《南華雪心編》，頁158。
〔註12〕劉鳳苞撰，方勇點校：《南華雪心編》，頁135。
〔註13〕劉鳳苞撰，方勇點校：《南華雪心編》，頁527～528。

有了封限而失去其原本的超越性、根源性，故云「已非道之本體」。雖然如此，萬物仍分得道性的一部份，故未否定道在物之內，故言「有形者皆無形之道所呈」，亦可言道「無所不在」，證實了道的遍在性，故當問何者有「道」，則任舉一物皆可。莊子舉出數例證明，即便尿溺，亦可說明無形之道，乃「即物而存」。此意正與「物際則物止於此，道亦止於此。形上者必待形下而後顯，非物物者矣。〔註14〕（「所謂物際者也」句下注）」一文相應。綜而言之，此處以「物之有際者明道」，無形之道必須「即物而存」，唯有如此，方知道為形而上的真實存在。「道之無際者宰物」，意謂「道」雖超越但遍在於萬物，雖然物之「道」不同於形而上的本體「道」，萬物乃載「道」而行。但「形而上的道」與「落於形而下之物之道」有何異同？又是如何「落」呢？此問題留待「道與物」一節再進行申論。

四、不可言性

從上文可知「道」之性質，但這樣一個無形象的「道」，該如何表述呢？劉鳳苞注〈知北遊〉云：

> 道不可名，即不可言，無為無不為乃道之自然，亦無之真境也。〔註15〕
> （〈知北遊〉）

所謂「不可名」，即無法用一定名指稱道，因名有侷限性，而「道」則是無限，用任何一定名指稱道，限定了道，形而上之道便不完整，故知道是無法用言語表述。劉鳳苞於「道不當名」下注云：「可名者物也，道不可言，烏可名？」〔註16〕明確地說明，能夠命名的是形而下之「物」，形而上的「道」是無法言說的，既然無法言說，自然無法命名。究其因，得回歸到語言的侷限性了。形而下的現象界，萬物有形有象，故能依其形象、特質予以定名，以方便言說。形而上的「道」無形象，雖有特質，然若依某一特質予以定名，便忽略了其他特質，「道」的完整性將被破壞，不再是那形而上超越的存在。故云：「言不可盡，知不可至，此妙道也。言所盡，知所至，極其數，不過盡乎物而已。〔註17〕」換言之，就「語言」角度論道、物間的區別，即在於道不可言說，物可言說。

然又產生另一個問題，道既不可言說，則以「道」指稱那個形而上的存在，

〔註14〕劉鳳苞撰，方勇點校：《南華雪心編》，頁 526。
〔註15〕劉鳳苞撰，方勇點校：《南華雪心編》，頁 506。
〔註16〕劉鳳苞撰，方勇點校：《南華雪心編》，頁 530。
〔註17〕劉鳳苞撰，方勇點校：《南華雪心編》，頁 680。

甚而以文字論述，是否又自相矛盾呢？劉鳳苞說：「論道固須如此，究竟落言詮矣。」〔註18〕（〈知北遊〉：「所以論道，而非道也。」句下註）莊子雖曾大力批判語言的侷限性，即便如此，莊子欲說明道形而上的質性時，仍不能不予以「道」之名，劉氏因而於註曰「究竟落言詮矣」。莊子亦深知其弊，故云「言者所以在意，得意而忘言〔註19〕」，藉以化掉名與言對道之侷限性，而失道之完整性。

　　此章節中先分析了莊子對「道」的說明，歸納出道為形而上超越且永恆的存在，且為天地萬物生化的根本，而其則自為根本。但此道是無法透過語言傳達且無法透過感官感應。而劉鳳苞註解《莊子》的「道」時，就道性而言，因承了莊子的思想，並無特出之處。

第二節　元氣即一即太極

　　於上章中，已歸納出「道」的特質，亦由註文中推演出其宇宙生化的框架為：「道→太極→天地→萬物」。但劉鳳苞的註文中論及道之生成時，又出現了「元氣」、「一」等元素，使人疑惑它們與「道」的生成關係，它們又該置入宇宙論架構的哪個位置？因此，在具體分析宇宙論前，應先釐清「元氣」、「一」於整個宇宙論架構中的角色功能及位置。

一、元氣

　　「元氣」一詞的使用，劉鳳苞於〈大宗師〉「顏回坐忘」後評曰：

　　墮枝體，黜聰明，外忘其形骸，內屏其神知，即視聽言動，而守之以歸於一，化之以復其天，非別有所謂坐忘，空洞無物也。同於大通，徹上徹下，徹始徹終，皆元氣渾淪氣象。雖有形而與無形者俱化，雖無形而與有形者相通，方是坐忘本領。〔註20〕（〈大宗師〉）

在莊子思想中，藉由「坐忘」工夫可達逍遙之境，即「道」境。劉鳳苞以為「坐忘」時，能「歸於一」、「復其天」，其中的「一」與「天」即指「道」境。其次，以「徹上徹下，徹始徹終，皆元氣渾淪氣象」釋「同於大通」，當人能夠

〔註18〕劉鳳苞撰，方勇點校：《南華雪心編》，頁529。

〔註19〕《莊子》云：「荃者所以在魚，得魚而忘荃；蹄者所以在兔，得兔而忘蹄；言者所以在意，得意而忘言。吾安得夫忘言之人而與之言哉！」郭慶藩輯：《莊子集釋》，頁942。

〔註20〕劉鳳苞撰，方勇點校：《南華雪心編》，頁184～185。

「離形去知」達「坐忘」時，人與道之間相通而無隔，其間皆是「元氣」渾淪。由此可知，劉鳳苞在莊子道的生化過程中，融入「元氣」概念。「元氣」介於道、物之間，向上通於「道」，向下通於「物」，故云：「徹上徹下，徹始徹終」。劉氏又於〈山木〉「周將處乎材與不材之間」後評云：

> 上蟠下際，一太和之元氣，返虛入渾，直造乎未始有物之先，足以
> 主宰萬物而不為物乘。〔註21〕（〈山木〉）

此段引文與前段相同，首先強調了「元氣」能「上蟠下際」，即「徹上徹下」，介於道、物之間。其次，「直造乎未始有物之先」，即元氣於有萬物之前便已存在。最後，言其「主宰萬物而不為物乘」，即「元氣」為萬物之主，萬物由元氣而成。

合二則引文觀之，「元氣」為「氣」，介於道、物之間，具「先在性」且為「生化本體」。透過此處分析，應可將劉鳳苞「宇宙論」中的「道生」視為「氣化」，乃秦漢氣化宇宙論的基本觀點。而在〈外宥〉「雲將東遊，過扶搖之枝而適遭鴻蒙」注文中云：

> 太初元氣也。雲將有形，鴻蒙則渾然無象，撰名甚奇。〔註22〕（「雲
> 將東遊，過扶搖之枝而適遭鴻蒙」下注）

> 雖無形迹，而運化周流，真氣躍然，喻言最妙。〔註23〕（「鴻蒙方將
> 拊脾雀躍而遊」下注）

> 雲者，輕清之物，有形無質，為霖潤物之功，不崇朝而澤遍天下，
> 而不若鴻蒙之運化元氣於無形，撰出二名，各有意境。……在鴻蒙
> 轉運之中而不知其為誰何，且不知其為何事，則鴻蒙之無聲無臭可
> 知。〔註24〕（〈外宥〉）

「雲將」為雲，其特徵為有形，故為形下現象界的物，卻能「潤物」且「澤遍天下」。故知雲將對萬物有具體之功化。而「鴻蒙」為「元氣」，其特徵為「渾然無象」，即形而上的真實存在，處於「渾然」狀態，即「渾淪」、「反虛入渾」之「虛」、「渾」，是虛空、虛無之境也。而「元氣」雖無形，但能上通道，下通物，故「運化周流」，「真氣」躍然於其中。

〔註21〕劉鳳苞撰，方勇點校：《南華雪心編》，頁449。
〔註22〕劉鳳苞撰，方勇點校：《南華雪心編》，頁260。
〔註23〕劉鳳苞撰，方勇點校：《南華雪心編》，頁261。
〔註24〕劉鳳苞撰，方勇點校：《南華雪心編》，頁264。

據上文的分析，對比第一節中「道」的特質，可以發現，「元氣」與「道」的性質相同，因而使人疑惑，「道」與「元氣」間的關係為何？在《莊子》中，「道」為核心，亦為萬物生化之根本，天地間無一物不是道所覆載者，但「元氣」一詞卻不見於《莊子》書中，僅有「氣」的使用。劉鳳苞注《莊子》時，「道」雖未脫離此特質，卻頻繁出現「元氣」之稱，並具有「道」的特質，故知於劉鳳苞思想下，「道」與「元氣」間必定有所關連，須先釐清此關係，方可知劉鳳苞與莊子思想間的異同。

關於「道」與「氣」的關係，大抵有二種說法，一為「道」生「氣」；另一為「道」即「氣」：

1. 道生氣

關於「道生氣」的說法，王俊彥以為：

> 論者有云「道生氣」，唯道無形，形有限，二者不同質不同層，道實無能生氣，最多如朱子言道氣二分，道是理，氣是實然非理，實然可順理而行而為善，實然亦可能因氣強理弱，不順理而行而為惡。實然與道不同層，故未必順道而行。故道非真能生出實然形氣者。〔註25〕

王俊彥首先指出，「道」無法生氣，「道」、「氣」不同質且不同層，「道」若真能生「氣」，頂多如朱子的「道、氣二分」：「道」為「理」，「氣」為「實然」。又因氣之強弱不同，故有人順理為善，亦有人逆理為惡。而依劉氏賦予「氣」之內容，則此可能是為善之「氣」，或為惡之「氣」，無法成為徹上徹下超越的存在，亦無法成為生化根本。

2. 道即氣

若由「道即氣」的角度看待二者，王俊彥云：

> 若曰「道即氣」，則道因為自身生生義、先在義，即為氣化流行所以可能之作用及條件，待到道透過內在二氣五行之由無而有之化育生成為眾形，道即物而存，物載道而行，物與道位階雖上下有別，其二氣五行生化之體性則同，故至此可說道氣同質相通。〔註26〕

〔註25〕王俊彥〈劉鳳苞《南華雪心編》的氣論〉，頁303。
〔註26〕王俊彥云：如此說「道即氣」較「道生氣」在理論上更為可行。然或者亦可致疑，道氣同質而仍有位階之別，不可便曰道即氣。唯因道氣雖有位階分別，但因同以氣為體質，故可通上下兩間，不以上下為難通之限隔。而所以能通，在於介於道物間之元氣可以徹上徹下，非道物直接相通，由此可說道即氣。〈劉鳳苞《南華雪心編》的氣論〉，頁303。

據王俊彥的說法，元氣內在於道，而道本具生生義、先在義，則元氣因此同樣具有生生義、先在義，故能於道生物中以「二氣五行」，由無而有化育生成萬物，此即為一氣化的過程。在此過程中，無形之道即物而存，世人透過具體事物，知道「道」為真實的存在；而萬物載道行，道遍在萬物之中。雖然道、物間位階有別，但其「二氣五行」生化之體性是相同的，故謂「道氣同質相通」。

比較兩種說法，「道即氣」更合於劉鳳苞對「元氣」的定義。而王俊彥云：

> 劉氏云：「至萬物與我為一，此是渾淪元氣參透化機。」萬物與我為一是元氣參透化機的實現。知元氣既有道之生生、先在義，同時亦有參透化機使萬物一體的作用。可知元氣流行可承載成就道之無限可能性，其體性應與道等同而為無限大，或亦可說元氣即道。〔註27〕

在渾淪元氣的運化下，「有形」與「無形」能相通相化，《莊子》「蝶化為周」與「濠梁之辯」二則寓言中，具體地體會了能物我無分是因「萬物與為一」，一同於道。劉鳳苞以「元氣參透化機的實現」釋「萬物與我為一」之境，故知「元氣」除具有道的超越、生化根本之意，更具有參透化機使萬物一體的作用，因而說「元氣流行可承載成就道之無限可能性」，其體性應與道等同而為無限大，或亦可說「元氣即道」。換言之，在「萬物與我為一」的化境中，「道」即「元氣」，二者具有相同的內容與功用。但在莊子的思想體系中，「道」為思想的核心、生化的根本，劉鳳苞將「元氣」與「道」劃上等號，恐異於莊子原旨。王俊彥云：

> 但一提及萬物與氣機，則元氣又有其體質封限而不能為無限。所以若由無限說道與元氣一致，元氣可說為道。唯元氣之體質含形物之素質，故元氣較無體質可說之道低一階。同時道之體量無可言說，元氣之體量似可言說，僅此一似可言說，即可使與道體量同為無限之元氣較不可言說之道低一階。而為道最高，再次為元氣，再次為形氣。所以「道即氣」之可以成立，應在道透過自身內容之元氣，凝為形氣，形氣消散返歸元氣，元氣流行徹上徹下這一架構下說的。〔註28〕

王俊彥以為，若謂「道即氣」，可能面臨的困境有二點：就道體的質性而言，道不可言說，元氣似可言說；就道體的體量而言，道體無限，元氣有限。易言之，元氣不如道之無限、不可言說，因此就「位階」而言，元氣低於道，形成：

〔註27〕王俊彥：〈劉鳳苞《南華雪心編》的氣論〉，頁303～304。
〔註28〕王俊彥：〈劉鳳苞《南華雪心編》的氣論〉，頁304。

「道」為最高，其次依序為「元氣」、「形氣」的順序。因而，若欲成立「道即氣」之說，必須於「道透過自身內容之元氣，凝為形氣，形氣清澈歸返元氣，元氣流行徹上徹下」的架構方能成立。若由分解說的角度，較易釐清道、氣、物之別；但若從工夫化境，即圓融說的角度看，即可言「道即氣」。王俊彥以為：

> 以上說法仍有位階先後之分別，若進入工夫化境，則可併此先後一起化去。元氣介於道與物兩間之中，結合道與物為一宇宙整體。從分別說，有道，形氣二層；從圓融說，則道為體，物為用，道物因元氣徹上徹下的貫通，而為一全體。此時元氣為中介作用，若由工夫化掉此中介元氣，則由道言物物無非是道，由物言道道無非是物。如此說仍有相對為二之論，若將「化掉此中介元氣」者亦化掉，則「相對為二」之論亦一起化掉。如此一化再化至無可化者，迴無道物之分，只有徹上徹下的元氣流行，則「道即氣」可說矣。〔註29〕

論述時，必須「分解」的說，才能明其理論架構與各個概念間的內容與作用，因此將道、氣、物區別出來，以明其內容、作用。然「道」其實是不可言說的，故莊子思想重視「化」、「泯其迹」，言說談論「道」時，必須「得意而忘言」，化掉語言的侷限性，方能深入莊子思想要旨。因此，若由「圓融說」的角度說明，原本道、氣、物三層的概念，轉成道為體，物為用，道、物間因元氣之貫通而為一體，即「氣」為中介作用。再化除「道物二分」、「氣為中介」的執著，則全為一氣之流行，如此，「道即氣」之說便可成立。

二、一

劉鳳苞注解《莊子》時，除以「元氣」為生化根本，在〈齊物論〉中，亦以「一」為生化根本。〈齊物論〉注云：

> 莊子從無始以來，覷定一箇「一」字，為生天生地生物生我之根，到此並要掃去「一」字名色，見得「一」只是渾然一箇道理。謂之一，則有一之言，渾然者破矣。〔註30〕（〈齊物論〉）

就宇宙生化的過程，「一」立於「無始」之位，為天地萬物生化的根本，故云「為生天、生地、生物、生我之根」。而「一」處於「渾然」的狀態，又只是

〔註29〕王俊彥：〈劉鳳苞《南華雪心編》的氣論〉，頁304。
〔註30〕劉鳳苞撰，方勇點校：《南華雪心編》，頁48。

一個「道理」，故知「一」為形而上的真實存在，是不可言說的，之所以用「一」指之，不過方便言說。若執定於「一」之名，則其完整性便為侷限性所破壞，故必須掃去「一」字的名色。合觀劉鳳苞對「一」說明，與「元氣」於道生中的特質相同，因可謂「一即元氣」。

三、太極

前文討論「道」之超越性時，劉鳳苞云：「萬物未生，即有太極，道更處乎太極之先。」由此可知「太極」處於「道」與「萬物」之間。此位階又與「元氣」、「一」相同。而〈天地〉篇中云：

> 無極而太極，則為一之所由起，庖犧氏一畫開天，萬物之根柢在是矣。然太極雖有一之理而尚處於無形，物得此未形之一以生則謂之德。德者形迹所不居，一太極之渾淪也。〔註31〕（〈天地〉）

在「太極」之上有「無極」，而「太極」與「一」，同為萬物之根柢。劉鳳苞以為「太極」有「一」之「理」，且與「一」同為「無形」之狀，故知「太極」乃形而上不可言說的渾淪存在。由此構擬出「無極—太極—物」的宇宙觀，「無極」為「道」，「太極」即「一」、「元氣」，介於道、物之間。引文中又特別突出了「德」字，以為萬物「得此未形之『一』以生，則謂之德」，太極生萬物，賦予萬物外在之形，並賦予萬物內在真實內容，故云：「一切有形有象者皆受其陶鑄」、「無非道之所貫注」。而萬物分得於道者，謂之「德」，萬物雖分得於「道」，但萬物為形而下的實體，故知萬物所具備之「道」與形而上之根源的「道」未能劃上等號。

本節具體分析了「元氣」、「一」、「太極」的特質與彼此間的關係，故知三者特質相同且皆介於道、物之間。

第三節　道與物

於第二節的論述中，已提及劉鳳苞注《莊子》時所架構出的宇宙論為：「道→太極→天地→萬物」，而「元氣」於道、物間徹上徹下，既通於有，亦通於無，實為一氣化宇宙論的設定。底下將具體分析其宇宙創生的法則，以明道、物間的關係。

〔註31〕劉鳳苞撰，方勇點校：《南華雪心編》，頁284～285。

一、道在形氣之中

劉鳳苞的宇宙創生過程，實為一氣之流行。其注〈則陽〉：「道不可有，有不可无。道之為名，所假而行。」一節云：

> 天地萬物，皆道之合併為公，道在形氣之中，……天地萬物皆不能外於道。……萬物皆有所自生，生者可見，所以生者不可見，是即道之立於生初也。陰陽四時，天道運行而不已，……生機遞嬗於無窮。〔註32〕（〈則陽〉）

劉鳳苞言「道在形氣之中」，表面上似在表達形氣之中蘊涵「道」，但「道」為形而上的真實存在，又怎會蘊涵於「形氣」之中？所以如此言，大抵是因人要體會形而上無形的道，必須透過「形氣」的生成。故就「人」的角度言「道在形氣之中」，但其實此句是在表達「天地萬物皆由道之氣化而成」，故「天地萬物皆不能外於道」，皆以「道」為本體，而道為天地萬物生化的總源。

二、氣化生生

劉鳳苞以「氣化」詮釋莊子的宇宙論，而以「道」為生化本根，其「道生物」的具體過程為何？劉氏於〈天地〉「泰初，有無無」段後評曰：

> 蓋造化之初未始有物也，故謂之無。無者有之對，名之為「無」，已畫出「無」字一邊界限，但可謂之無，而不可謂之無無。泰初則并此無者而亦無之。無無之外乃有所謂無。無無不可名，有無即有名。有無者，無極之謂也。無極而太極，則為一之所由起，庖犧氏一畫開天，萬物之根柢在是矣。然太極雖有一之理而尚處於無形，物得此未形之一以生則謂之德。德者形迹所不居，一太極之渾淪也。當其未形，太極忽分為兩儀，在天為陰陽之理，在人即為健順之德，然且流行無間，陰陽互為其根。由合得分，一而奇者兩而偶；由分得合，兩而化者一而神，分合之權操之冥漠之中，則謂之命。命之在天，安有停留之頃？〔註33〕（〈天地〉）

依引文所述，造化之初「未始有物」，依此狀態名之曰「無」。「有、無」乃是相對的概念，因此一旦將它命名為「無」，便不是「未始有物」的狀態，而有了封限。泰初之時，則得此「無」、「無之」，即將有定名之「無」泯除，故知

〔註32〕劉鳳苞撰，方勇點校：《南華雪心編》，頁 687～688。
〔註33〕劉鳳苞撰，方勇點校：《南華雪心編》，頁 284～285。

「無之」的「無」為工夫義，化掉以「無」為名的執著，並以「無無」作為最後根源，無法再向後追溯根源。易言之，「無無」是不可言說，「無」雖可言說，但仍為形而上無形者，既然無形自當是無際，因而謂之「無極」，亦即「道」。接著架構出「無極→太極→物」的宇宙觀與「道生」過程。「無極」為道，「太極」即元氣，故知道生物的過程並非道、物間直接連結，而是透過元氣徹上徹下、徹始徹終而成，即為一「氣」化的過程。王俊彥即云：

> 所以以上各層無形者非直轉化為有形者，而是由無形之太極，下貫在有限形物中，仍保其生生無限義，使形物具有生生化成不已之作用。然此作用非超越在形氣上不同層次之作用，而是與形氣同以陰陽相生之氣化流行為共同無隔之體性義的作用。亦即非由形上之理引發形下氣化，而是形上太極元氣之流行，凝為形氣後，形氣即以元氣生生為其體性，而有形物自身的發展。太極元氣貫於形氣中，元氣生生能流行無端，自會化分成陰陽，而陰陽順流行發展，自有相生之趨勢，此皆氣化流行之不得已而不可測者。可言可測者，唯其順陰陽二股相對作用而有的分與合二者。同時陰陽流行不已故分而又合，合而又分。〔註34〕

萬物於「氣」化過程中，分得於道，因而有了具體的形狀，同時亦分得道的內容質性，而謂之「德」。然此氣化過程，更進一步說明，是太極分為「陰、陽」二氣，陰陽二氣互為其根且周流不虛，但元氣所分生之陰陽，分合不可測，自然而然，不容人為參與其間，故曰「命之在天」，唯能隨順之而已。

三、陰陽互為其根

　　上文已將陰陽二氣於形而下分合的狀態說明清楚，劉鳳苞於〈田子方〉「至陰肅肅，至陽赫赫」後評云：

> 最初者莫如天地，天地立於萬物之初，而道又立於天地之初。一陰一陽，道之所為對待以成形，至陰陽互為其根，陰伏於九天之上，陽萌於九地之下，道之所為變通以成和，有天地而後有萬物。〔註35〕
> （〈田子方〉）

引文中可明確地看出宇宙生化的過程，同樣是透過陰陽二氣互為其根，分合而

〔註34〕王俊彥：〈劉鳳苞《南華雪心編》的氣論〉，頁306。
〔註35〕劉鳳苞撰，方勇點校：《南華雪心編》，頁486。

成就萬物。而陰陽二氣於整個宇宙生化過程中，僅是作為道、物的媒介嗎？王俊彥云：

> 道於生物之初，藉其自身的陰陽生化之原則，由不可見的本體層，凝和為可見的形氣層。其陰陽相生原則，不由道以氣為內涵的體性，當成生化原則，而由無形之元氣的陰陽相生原則，轉為形氣以陰陽相生為素質的狀態。〔註36〕

王俊彥以為，若純就「定義」而論，陰陽僅是「作用義」的介於無、有間成就萬物的存在。但若就「化境」而言，陰陽乃綜合了有形與無形，共構而成一宇宙整體，具體成就氣化實然，即「道」在形而下具體成就天地萬物。「道」既然透過陰陽二氣，於形而下具體成就萬物，那麼道、物間又有何關聯呢？

四、物物各具一太極

劉鳳苞改動〈庚桑楚〉數句句逗為：「道，通其分也，其成也，毀也。」，並注云：

> 大道渾淪無物，太極之初，一而已。至分為兩儀四象，其數處於無窮，而物物各具一太極，道所為通乎其分也。物不毀而何以有成？
> 成之始即為毀之終，成毀雖分，道通為一。〔註37〕（〈庚桑楚〉）

如前所論，「太極」即「元氣」，是道生物時徹上徹下，連結無、有的根源。當太極的陰、陽二氣分合而為物時，除已有形體之限，亦當具太極元氣之質，只是失去形而上太極的無限性，由此可謂「物物各具一太極。」。但形而上之太極與形而下物之太極，顯然內容不盡相同。此外，劉鳳苞在〈大宗師〉中注云：

> 無始之初即有此道，道備於吾身之內而立於太極之先，故長於上古而不為老。天地覆載吾身，而道之無外者，實足以覆載天地。眾形不勝雕刻，而道之無內者，實足以刻雕眾形。〔註38〕（〈大宗師〉）

「道備於吾身之內而立於太極之先」一句，似與前段「物物各具一太極」相互矛盾。欲解決此問題前，依據前文的討論，劉鳳苞的氣化宇宙論架構，應可畫作下圖：

〔註36〕王俊彥：〈劉鳳苞《南華雪心編》的氣論〉，頁300。
〔註37〕劉鳳苞撰，方勇點校：《南華雪心編》，頁571。
〔註38〕劉鳳苞撰，方勇點校：《南華雪心編》，頁182。

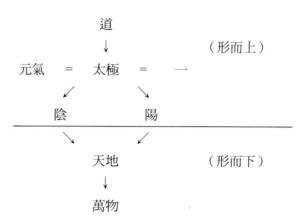

由此架構可知，言「物物各具一太極」是強調了氣化過程中，太極透過陰陽二氣直貫形而下之物成為物之性。言「無始之初即有此道」，乃欲強調道之先在性，道生物雖是透過陰陽二氣交合而成，但由「道」的角度而言，備於物之內者確實為「道」。若由其氣化宇宙論的架構，「道」本立於太極之上，故言「立於太極之先」，實未與「物物各具一太極」一語相互矛盾。其實，若由化境說，泯其氣迹，道下貫於物，自然是道備於吾身之內。但同樣的，形而上的「道」與備於吾身之內的「道」，內容不盡相同，因物之有限性使得道亦受到封限，已非形而上完整之道，但二者體性相同，則無庸置疑。

劉鳳苞對於道與物間的說法，並非其獨創的概念，自北宋周敦頤起，便有著類似概念，底下簡要說明其發展：

1. **周敦頤《太極圖說》與〈太極圖〉**

> 無極而太極。太極動而生陽，動極而靜，靜而生陰。靜極復動。一動一靜，互為其根；分陰分陽，兩儀立焉。陽變陰合，而生水火木金土。五氣順布，四時行焉。五行一陰陽也，陰陽一太極也，太極本無極也。五行之生也，各一其性。無極之真，二五之精，妙合而凝。乾道成男，坤道成女，二氣交感，化生萬物。萬物生生，而變化無窮焉。惟人也，得其秀而最靈。形既生矣，神發知矣，五性感動，而善惡分，萬事出矣。聖人定之以中正仁義。而主靜，立人極焉。〔註39〕

周敦頤承續陰陽五行的氣化論，說明〈太極圖〉源於道教的圖式，共分五層：

第一層：「無極而太極」，存以「理」言「太極」。

第二層：「太極動而生陽」，以「理」為主，但可貫至「氣」。

〔註39〕周敦頤云：《周子全書》（台北：台灣商務印書館，1978），頁2。

第三層：「陽變陰合，而生水火木金土」，「理」「氣」並重，為宇宙之基本條件。

第四層：「二五之精，妙合而凝」，以氣為主，亦言理在氣中。

第五層：「萬物生生之方向、速度、體性、才質等萬般不同」，純以氣言太極。

周氏藉五層架構的推展，說明理氣由無至有的過程。

2. 張載

張載首先提出「氣質之性」與「天地之性」的說法，並由「氣」說「太和」之道。

> 太和所謂道，中涵浮沈、升降、動靜、相感之性，是生絪縕、相盪、勝負、屈伸之始。其來也幾微易簡，其究也廣大堅固。起知於易者乾乎！效法於簡者坤乎！散殊而可象為氣，清通而不可象為神。〔註40〕

「太和」是無限多「形」、「氣」所組成的形氣世界，若總地說，能具體真實地創造天地萬物便是「道」；若分解地說，「太和」由其中浮沉、動靜等條件寂感相生，「太和」之道絪縕相生，透過凝結，產生有形的萬物。

> 太虛無形，氣之本體。其聚其散，變化之客形爾；至靜無感，性之淵源。有識有知，物交之客感。〔註41〕

張載由氣之本體說「太虛」，氣本體中乾健坤順、即寂即感的創造神用，便是氣化流行，故「太虛」即是「氣」。「氣」化便凝固結聚而有封限、方使不同形物產生。

3. 程明道

程明道同張載，是由天命「於穆不已」的即寂即感、神感神應的道德創造來說「道」，只是張載氣本意味重，明道圓頓境界意謂特顯。明道云：

> 蓋上天之載，無聲無臭，其體則謂之易，其則謂之道，其用則謂之神，其命於人則謂之性，率性則謂之道，修道則謂之教。孟子在其中又發揮出浩然之氣，可謂矣。……徹上徹下，不過如此。形而上為道，形而下為器，須著如此說，器亦道，道亦器，但得道在，不繫今與後，己與人。〔註42〕

〔註40〕張載著，章錫琛點校：〈太和篇〉《正蒙》（台北：漢京文化事業公司，2004），頁7。

〔註41〕張載著，章錫琛點校：〈太和篇〉《正蒙》，頁7。

〔註42〕程顥、程頤撰：《二程集》第一冊（台北：漢京文化事業公司，1983），頁1。

其天理是圓頓一本，既超越又內在的生化實現之理，是即存有、即活動的發生道德創造，與大化流行的作用。故「道即器，器即道」，雖在言說概念上可分作「形而上」、「形而下」，但於天理的直貫下，「道」、「器」混融，「理」、「氣」圓融為一。

4. 程伊川

> 「一陰一陽之謂道。」……所以陰陽者道，既曰氣，則是二。言開闔，已是感。既二，則便有感。所以開闔者道，開闔便是陰陽。老氏言虛生氣，非也。陰陽開闔，本無先後。不可道今日有陰，明日有陽。〔註43〕

伊川是由分解的、理性的角度論「道」，將陰陽相生與「道」的關係，理解作陰陽相生的所以然之理是「道」。陰陽開闔的「氣」是實然，由開闔之氣的實然變化，推證其背後所如此變化之理。此說將本具創生作用的道德創造之「道」體放掉，交給實然無道德義的「氣」化。於是道德創造分作「兩層」，道德只是形上天理，本身不能發動創造，「氣」則是形下能生化的形質，但本身不具道德義。

5. 朱熹

> 先有理後有氣耶？後有理先有氣耶？皆不可得而推究。然以意度之，疑此氣是依傍這理行。及此氣之聚，則理亦在焉。蓋氣則能凝結造作，理卻無情意，無計度，無造作。只此氣凝聚處，理便在其中。若理，則只是個潔淨空闊底世界，無形跡，他卻不會造作。氣則能醞釀、凝聚、生物也。但有此氣，則理便在其中。〔註44〕

朱熹是「由存在之然推證其所以然之理為性」，因此，形上的性理與形下的存在是不同層、不同質，將道德創造所以為道德創造的所以然，視為性理；於是性理只是道德的所以如此之理，是超越的、定然的所以然，是「只存有不活動」的，將運動創造交給「氣」化。

6. 王陽明

王陽明「致良知」的主張，重新回到張載、明道的道德實體是「即存有即活動」的主軸，對「氣質之性」詮釋說：

> 蓋良知只是一個天理自然明覺發見處，只是一個真誠惻怛，便是他

〔註43〕程顥、程頤撰：《二程集》第一冊，頁 160。
〔註44〕黎靖德編：〈理器上〉《朱子語類》（台北：文津出版社，1986），頁 3。

本體。故致此良知之真誠惻怛以事親便是孝。〔註45〕

凡人信口說、任意行，皆說此是依我心性出來，此是所謂生之謂性，然卻要有過差。若曉得頭腦，依吾良知上說出來，行將去，便自是停當。然良知亦只是這口說、這身行，豈能外得氣，別有個去行去說。故曰「論性不論氣，不備；論氣不論性，不明。」氣亦性，性亦氣也，但須認得頭腦是當。〔註46〕

王陽明是由天理明覺的發見處，論「良知」為道德創造的實體；且良知會不停地賦予事物道德意義，使事物即以所賦予的道德意義為體，而收攝存有於良知本體中。天理明覺不停地發用，良知即不停地及物而正物，以為善去惡。由此論「生之謂性」，雖有氣質層的意義，但氣質已為良知天理所貫注而飽含道德義。〔註47〕

　　由上說明可知，劉鳳苞對於道與物間的想法，大抵因承於前輩學者，進行融通改造。

第四節　對莊子思想之依違

　　莊子以「道」為本體的思想架構下，其所具備的「超越性」、「根源性」、「遍在性」、「不可言」等質性，於劉鳳苞處已完全繼承。但在莊子以「道」為生化根源的宇宙論思想架構下，劉鳳苞強化了「氣」於「道生」中的作用，此部分已於上節中分析過。為進一步釐析劉鳳苞與莊子在宇宙創生思想上的區別，下文將先針對《莊子》中「氣」的思想做深入分析。

　　《莊子》中「氣」字的使用與概念，大體而言，可分為三部分：

一、唯道集虛

　　莊子論述「心齋」工夫時，曾提及「氣」，云：

若一志，无聽之以耳而聽之以心，无聽之以心而聽之以氣！聽止於

〔註45〕王陽明：《王陽明傳習錄及大學問》（台北：黎明文化事業公司，1986），頁106。

〔註46〕王陽明：《王陽明傳習錄及大學問》，頁132～133。

〔註47〕上述自張載至王陽明關於「氣」的發展，整理自王俊彥：《元氣之外無太極——宋明理學中的「氣論」研究》（台北：萬卷樓圖書股份有限公司，2020.11）與王俊彥：《王廷相與明代氣學》（台北：秀威資訊科技股份有限公司，2006.7）二書。其中關於「氣」於宋、明、清三代的發展，所論甚詳，茲舉其概要，以明「氣」於此時期發展的概況。

耳，心止於符。氣也者，虛而待物者也。唯道集虛。虛者，心齋也。〔註48〕（〈人間世〉）

根據上文，「心齋」的工夫進程可分解作三層：第一層為「无聽之以耳」；第二層為「无聽之以心」；第三層為「聽之以氣」，其目的在戒人以「耳」、「心」聽物，而改以「氣」聽物。「聽」字就狹義而言為「聽取」之意，當其用在「耳」與「心」上自無不妥，但若就「氣」而言，似有疑慮。然若將「聽」意向外延伸，泛指個體與外界接觸的舉動，則更能彰顯出主、客體間因憑藉不同的媒介接觸而產生之價值差異。但為何以「氣」與外物接觸時，價值高於「耳」與「心」呢？王邦雄釋「心齋」云：

> 人與外界接構，初則出以耳目官覺，有其被動的感受，次則心知介入，對「日夜相代乎前」的官覺印象主動的加以執取定著。由是主體的心遂滯陷於物象流轉之中，而物之存在亦為人的主觀心知所扭曲而真相不顯。無聽之以耳，就是人的生命不為耳目官覺所牽扯攪動；無聽之以心，就是人的心知不對官覺印象自加執取造作。聽止於耳（當為耳止於聽），就是「徇耳目內通而外於心知」；心止於符，就是「不知耳目之所宜，而遊心乎德之和」；聽之以氣的虛而待物，就是「至人之用心若鏡，不將不迎，應而不藏，故能勝物而不傷」，聽之以心，是有執造作的心；聽之以氣，則無執無藏，不滯不留，在吾心虛靜如鏡的明照下，不僅天地萬有皆有其順應自然之氣的生命流行，而真相自顯，且整體之道，因而亦有其全盤的如如朗現，故曰唯道集虛。〔註49〕

透過王氏銓說，第一層中以「耳」應物時，此「耳」泛指人的「眼、耳、鼻、舌」等感官，此類感官感性且被動，故易隨外物牽引，使個體生命流蕩。第二層中以「心」應物時，此「心」指「成心」而言，成心因有所知見，故對萬物有所執取，一旦以此「成心」應物，則萬物的真相皆為成心蒙蔽而不顯。第三層中以「氣」應物，此「氣」為「生命最原始之狀態」，其性質為「虛而待物」。所謂「虛而待物」即「無執無藏，不滯不留」，亦是〈應帝王〉中所謂「至人之用心若鏡，不將不迎，應而不藏，故能勝物而不傷」〔註50〕（〈應帝王〉）。能以「氣」應物，則萬物皆於虛明如鏡的鑑照下自顯真相。莊耀郎亦云：

〔註48〕郭慶藩輯：《莊子集釋》，頁147。

〔註49〕王邦雄：《中國哲學論集》（台北：台灣學生書局，1983.8 初版），頁89。

〔註50〕郭慶藩輯：《莊子集釋》，頁307。

心齋之作用正在於超越成心之限制，顯發「道心」之虛靈作用。道心即為无去成心負面作用後所呈現之虛靈明覺、生機無限之境界，莊子以氣喻之，以氣亦具沖虛之性質，老子所謂「沖氣以為和」是也，……其喻道心所呈現之狀態，即為沖虛、靈明之狀，故云「唯道集虛」，唯如此，乃能體現真我。〔註51〕

據莊氏之見，「无聽之以心而聽之以氣」的「心」，為「成心」之意，心齋之用即在超越成心，顯「道心」的虛靈明覺、生機無限之境界。此種境界，莊子以「氣」的沖虛質性喻之，因而言「唯道集虛」。於此境界，方能體現真我。

　　合上面兩則引文觀之，「无聽之以心」的「心」代表著「成心」；「聽之以氣」的「氣」為「道心」，是「生命最原始之狀態」，即虛靈明覺、生機無限之境界，其質性為「虛而待物」。此「氣」就物言，萬物皆於虛明如鏡的鑑照下自顯其真相；就人言，則能體現真我。此外，此虛靈明覺、生機無限之境界，除了以「氣」作喻，莊子亦曾以「鏡」作喻，即上所言「至人之用心若鏡，不將不迎，應而不藏，故能勝物而不傷」。可知，若由莊子對語言的態度來理解〔註52〕，其以「氣」、「鏡」比喻道境，純粹是隨興起用。莊耀郎即云：「只要

〔註51〕　莊耀郎：《元氣》（台北：花木蘭文化出版社，2011.4），頁57。

〔註52〕　關於莊子的「語言觀」，基本上人與人之間的溝通，除依靠肢體動作或神情傳達外，終究以「語言──即『口說』與『文字』」為主，其自身之侷限性與不定性，卻易使溝通產生問題，而難達真正之目的。若就思想義理的表達而言，體道者難以將由內在經驗證悟而得的道，完整且精確地以「語言」表達；即便能完整且精確地表達，但聽聞者又是否能完整且精確地接收呢？莊子意識到「語言」本身可能產生的問題，故提出「言者所以在意，得意而忘言」原則，論理時以「卮言」、「重言」、「寓言」（「以天下為沈濁，不可與莊語，以卮言為曼衍，以重言為真，以寓言為廣。（〈天下〉，頁1098）」）為工具。其所謂「忘」，意指能夠超越語言之侷限性，並將其圓滿地消融於道境中。而牟宗三在《中國哲學十九講》中提出《莊子》的「三言」為「非分別說」（《中國哲學十九講》（台北：台灣學生書局，2002.8第九次印刷），頁346～347。），又於《才性與玄理》一書中稱「三言」的表現手法為「描述的講法」（《才性與玄理》（台北：台灣學生書局，2002.8修訂版九刷），頁176～177。），為表達之最高境界。而莊耀郎：《元氣》：「莊子固肯定人類語言系統之表意功能，但並非無視其限制，此與莊子以生命之道作為人生終極的追求有不可分之關係。早在老子時即嘗提出『道可道，非常道。』（《老子》）首章之看法，莊子更進而認為『道』體悟，可受而不可傳。因而日常語言在傳『道』或『體道之境界』時則不無限制，莊子有鑑於此，於是乎將不可以概念或分析方式傳達之『意之精者』以非分別說之方式表達。……莊子慣用非分別說來表達其思想，則語言文字之於道或境界之呈現，只有虛指作用，而未必有實質之意義。」頁55～56。

求道與意境能傳達，則語言文字之運用可變換無方，不必遵守固定之語言方式或系統。[註53]」因此，對莊子而言，「氣」字未必有實質之意義。

二、一氣流行

在〈知北遊〉中，莊子將氣之「流行義[註54]」應用於人生哲學之中，藉以玄同一切對立的價值觀。云：

人之生，氣之聚也；聚則為生，散則為死。若死生為徒，吾又何患！

故萬物一也，是其所美者為神奇，其所惡者為臭腐；臭腐復化為神奇，

神奇復化為臭腐。故曰：「通天下一氣耳。」聖人故貴一。[註55]

莊子於此提出「通天下一氣」的說法，人之生、死，無非是一氣之聚散，乃自然現象的一部份，正如萬物的存在或毀滅，同為一氣之流行。若能通透人之生死僅是一氣之聚散，便不會有樂生惡死之情，因為氣之聚散是自然的現象，人之生死亦為自然現象。但人往往以成心看待世間萬物，於是便有是非的相對概念，而有「所美」、「所惡」之情。主觀情緒下的「神奇」、「臭腐」，其實同是一氣流行所呈現的現象罷了。若就超越的角度看待萬物，萬物各具形體，其實皆為一氣之化，無論生死、神奇、臭腐皆是一氣之流行，不容成心於其間礙其自然發展。

上文所述，基本上僅針對同一物的生死流轉氣化而言，但《莊子·寓言》中亦曾說明在「通天下一氣」的基礎下，異體之間亦可言氣之流行。莊子云：

萬物皆種也，以不同形相禪，始卒若環，莫得其倫，是謂天均。[註56]

郭象注：「雖變化相代，原其氣則一。[註57]」形而下的現象界，萬物生生無窮，無始亦無終，相同形體間謂之「相生」，不同形體間謂之「相禪」，然不論「同體」或「異體」，皆根源於「萬物一氣」的概念。在〈大宗師〉「子祀子輿子犁子來四人相與」一段中，所謂「化予之左臂以為雞」、「化予之右臂

[註53] 莊耀郎：《元氣》，頁56。
[註54] 莊耀郎云：「《左傳》之六氣說，已含有流行之義，陰陽一流行；風為一流行，雨亦一流行；晦明亦一流行，凡此諸種無非為自然現象之流行。」莊耀郎：《元氣》，頁58。
[註55] 郭慶藩輯：《莊子集釋》，頁731。
[註56] 郭慶藩輯：《莊子集釋》，頁947。
[註57] 郭慶藩輯：《莊子集釋》，頁947。

以為彈」、「化予之尻以為輪」、「以汝為鼠肝」、「以汝為蟲臂」之說〔註58〕，皆為相同之理。

　　莊子藉「一氣流行」的概念，解說世人往往執著於世俗的價值觀而封限了自我，因而陷入主觀的情緒。其實，萬物皆為一氣之流行，無論同體或異體皆可相通、相涵、相生，萬物息息相關。由此正可見莊子玄同彼我之智慧，以「一氣流行」的概念超越成心的限制，一步步調適上遂，達逍遙的境界。

三、死生一氣

　　莊子思想中，欲達逍遙境界，必須藉由「心齋」、「坐忘」等工夫，逐層消解成心之限，最後方能見「道」。而「道」為形而上的真實存在，故知「心齋」、「坐忘」是精神境界。消解過程中，首要突破人對形軀之執著，其中又以「生死」為最。所以如此，源於人對於未知的恐懼，因而有「樂生惡死」之情。一旦執著於此，精神便無法超越，更遑論達逍遙境界。於是莊子以「通天下一氣」的說法，將死生視為一氣之流轉，純為自然的現象，故上文云：「人之生，氣之聚也；聚則為生，散則為死。」〈至樂〉亦記載莊子妻死之事，云：

> 察其始而本无生，非徒无生也而本无形，非徒无形也而本无氣。雜乎芒芴之間，變而有氣，氣變而有形，形變而有生，今又變而之死，是相與為春秋冬夏四時行也。〔註59〕

莊子妻死，起初悲痛萬分，但悟及生死之理後，反箕踞鼓盆而歌。透過此段引文可知人之生，類似於宇宙生化之歷程，本為一整體，純為氣之變化。生死間，並無終始可言，「生也死之徒，死也生之始，孰知其紀？」（〈知北遊〉）純為一氣流行的過程。莊子所以用「一氣之流行」說明死生，其本意不在建構「生死觀」，是藉此消解世人對形軀的限制，玄同生死，超越生死的執著，進而達到修養之極致，體現天地並生，無終無始之境。然《莊子》中用以解說生死的文字，除「氣」外，有以「夜旦之常」喻之，或以「四時之行」喻之，或以人生如夢說之。莊子談論生死，意在消解世人對生死之執，故以何物喻之皆無礙其本義，而以「死生一氣」解說，不過為眾喻中之一例。

〔註58〕〈大宗師〉「子祀子與子犁子來四人相與」中云：「浸假而化予之左臂以為雞，予因以求時夜；浸假而化予之右臂以為彈，予因以求鴞炙；浸假而化予之尻以為輪，以神為馬，予因以乘之，豈更駕哉！」、「偉哉造化！又將奚以汝為，將奚以汝適？以汝為鼠肝手？以汝為蟲臂手？」郭慶藩輯：《莊子集釋》，頁260。

〔註59〕郭慶藩輯：《莊子集釋》，頁612。

比較莊子與劉鳳苞在「氣」的使用上，可知在宇宙生成的過程中，莊子並未融入「氣化」的概念。若以莊子以對語言的認知，以「氣」喻「道」，不過隨興起用，未必有實際意涵；同樣的，以「氣」之聚散說明人的生死，不過一喻，目的在消解世人對生死的執著。故知「氣」於此二種意涵中，皆是一喻，不必過於執著，能「得意忘言」方能得到莊子思想的真諦。

劉鳳苞宇宙生成論的架構，頗似漢代氣化宇宙論。漢代宇宙論，建構於先秦道家的思想之上，戰國中期道家由老子與莊子對於「道」的設定與創生法則中，架構出中國傳統的氣化宇宙論。

1. 在先秦

《老子》論「道」云：

> 有物混成，先天地生，寂兮寥兮，獨立不改，周行而不殆，可以為天下母。〔註60〕（〈第25章〉）

> 視之不見名曰夷。聽之不聞名曰希。搏之不得名曰微。此三者不可致詰，故混而為一。……是謂無狀之狀，無物之象，是謂惚恍。〔註61〕（〈第14章〉）

> 谷神不死，是謂玄牝。玄牝之門，是謂天地根。〔註62〕（〈第6章〉）

老子對「道」的設定，可歸納為下列幾點：

（1）就「本體」而言：道「先天地生」、「獨立不改」，超越時間，為形上超越的永恆存在。

（2）就「宇宙論」而言，道是生化萬物的根源，故言「為天下母」、「玄牝」、「天地根」。它不斷循環運行，永不止息，故云「周行而不殆」。

（3）「道」是虛無無形，非一般感官知覺對象，無法透過語言表述，姑稱之為「道」。

關於宇宙創生的法則，《老子》除以「道」為生化的根本，論其生化過程是：

> 道生一，一生二，二生三，三生萬物。萬物負陰而抱陽，沖氣以為和。〔註63〕（〈第42章〉）

〔註60〕樓宇烈校釋：《老子周易王弼注校釋》（台北：華正，1983.9）。頁27。
〔註61〕樓宇烈校釋：《老子周易王弼注校釋》，頁13。
〔註62〕樓宇烈校釋：《老子周易王弼注校釋》，頁6。
〔註63〕樓宇烈校釋：《老子周易王弼注校釋》，頁50。

「一」、「二」、「三」，表述「道」創生萬物的歷程：萬物稟「氣」而生，「氣」又有陰陽兩種屬性，兩者相反相成，使萬物能於和諧狀態下孕生。

　　《莊子》論「道」的性質，於前文中已說明，基本上因承了老子的設定。但老子雖以「道」為生化的根源，卻未說明「道」的來源，莊子則言道是「自本自根」，並進一步提出「通天下一氣」的說法。〈知北遊〉云：

> 人之生，氣之聚也；聚則為生，散則為死。……故萬物一也，是其所美者為神奇，其所惡者為臭腐；臭腐復化為神奇，神奇復化為臭腐。故曰：「通天下一氣耳。」聖人故貴一。〔註64〕

在「通天下一氣」的概念下，不僅是同類之物可相轉化，異類物間亦可轉化，由此以「氣」的聚散，談人之生死。

2. 在兩漢

　　發展到了兩漢，漢代道家順著《老子》「道生一，一生二、二生三，三生萬物」的說法，用渾沌真樸的「氣」詮釋「道」，並著重「一生二、二生三，三生萬物」的歷程。順著《莊子》「人之生，氣之聚也；聚則為生，散則為死。……臭腐復化為神奇，神奇復化為臭腐。故曰：『通天下一氣耳。』」說這一切都是一氣之轉化。因而將本體概念的「道」，轉向創生義的「氣」，完成氣化宇宙論的建構。其中又以《淮南子》為代表〔註65〕。〈天文〉云：

> 天墜未形，馮馮、翼翼，洞洞、灟灟，故曰太始。太始生虛霩，虛霩生宇宙，宇宙生元氣，元氣有涯限，清陽者薄靡而為天，重濁者凝滯而為地。清妙之合專易，重濁之凝竭難，故天先成而地後定。天地之襲精為陰陽，陰陽之專精為四時，四時之散精為萬物。〔註66〕

根據引文，可歸納為：

太始—虛霩—宇宙—元氣—〈天地〉陰陽—四時—萬物。

　　其中「太始」、「虛霩」為宇宙未創生前的渾沌、虛無階段，之後便有了宇宙，而元氣肇生於其中。元氣又有清濁之別，由此分開天地，四時與萬物的生化因而展開。故知在天地萬物的生化中，「元氣」至為關鍵。

> 古未有天地之時惘像無形，窈窈冥冥，芒芠漠閔，澒濛鴻洞，莫知其門，有二神混生，經天營地，孔乎莫知其所終極，滔乎莫知其所

〔註64〕郭慶藩輯：《莊子集釋》（台北：河洛圖書出版社，1980.8 臺影印初版），頁731。
〔註65〕以下關於《淮南子》書中「氣化宇宙論」的說明，整理自陳麗桂老師：《漢代道家思想》（台北：五南圖書出版社，2013.11），頁103～107。
〔註66〕陳麗桂老師：《新編淮南子·上冊》（台北：國立編譯館，2002.4），頁150。

止息。於是乃別為陰陽，離為八極，剛柔相成，萬物乃形。煩氣為
蟲，精氣為人。是故，精神者天之有也，而骨骸者地之有也；精神
入其門，骨骸反其根，我尚何存？〔註67〕

根據引文，可歸納為：

惘像無形⋯⋯二神（陰陽）─天地─ $\begin{bmatrix} 陰（柔）\\ 陽（剛）\end{bmatrix}$ 萬物 $\begin{bmatrix} 精氣─人\\ 繁氣─蟲\end{bmatrix}$

所謂「惘像無形」，同於〈天文〉中「太始」、「虛霩」階段，「二神」則指「元氣」清濁含和未分的狀態，是創生之始。雖然〈天文〉、〈精神〉兩篇言宇宙的創生不完全等同，卻能夠相應。但〈精神〉更堅持元氣的清濁二質，在人與萬物化生過程中的先天決定性。當生命消逝時，一切皆要復返各自質性不同的元氣初態。

此外，大自然各種現象的形成，亦是以陰陽氣化說明。〈天文〉云：

積陽之熱氣久者生火，火氣之精者為日；積陰之寒氣久者為水，水氣之精者為月。日月之淫氣精者為星辰，⋯⋯天地之偏氣，怒者為風；天地之含氣，和者為雨。陰陽相薄，感而為雷，激而為霆，亂而為霧。陽氣盛，則散為雨露；陰氣盛，則凝而為霜雪。〔註68〕

此處因承了《莊子・知北遊》「通天下一氣」的說法，以為萬有的生成，全來自一「氣」的激薄轉化。

劉鳳苞宇宙生成論的架構，受到了漢代氣化宇宙論的影響，再加上莊子「通天下一氣」的核心思想，以為萬物皆為一氣之流轉。故其注解莊子宇宙論時，強化了「氣」的作用，使莊子思想的設定產生了改變。

首先，它改變了「生」的意涵：莊子的「道」生，雖以「道」為生化的根源，但其實並非實體義的創生，乃是「不生之生」，即讓開一步，讓形而下的萬物順其本性而自生，「道」實際上並未操控萬物的生長，所以萬物其實是「自己生」，「道」僅提供萬物存在的條件，「使物實現」，因此，「生」為「實現義」。

但劉鳳苞的「道生」，雖仍以「道」為生化的根源，實際上是透過「元氣」貫通形而上與形而下，並以形而下的陰陽二氣互為其根，分合而生成萬物，故此「生」已非莊子的「不生之生」。換言之，劉鳳苞的「道生」，乃是「道」通過「氣」生成萬物，並非萬物「自己生」，故其「生」由「實現義」轉為「創

〔註67〕陳麗桂老師：《新編淮南子・上冊》，頁470。
〔註68〕陳麗桂老師：《新編淮南子・上冊》，頁150～155。

生義」。

　　其次，根據牟宗三的說法，莊子的「生」，本為「不生之生」，為「實現原則」，因而知莊子的「道」為「主觀的境界」，且為「觀照的境界」，屬於「境界形態的形而上學」。而劉鳳苞強化了「氣」在「道」生中的作用，使「生」由「實現義」轉為「創生義」，間接使得「道」轉為「創生的實體」，屬於「實有形態的形而上學」〔註69〕。

〔註69〕所謂「觀照的境界」、「境界形態的形而上學」，牟宗三云：「道家式的形而上學、存有論是實踐的，實踐取廣義。平常由道德上講，那是實踐的本義或狹義。儒釋道三教都從修養上講，就是廣義的實踐的。儒家的實踐是 moral。佛教的實踐是解脫，道家很難找個恰當的名詞，大概也是解脫一類的，如灑脫自在無待逍遙這些形容名詞，籠統地就說實踐的。這種形而上學因為從主觀講，不從存在上講，所以我給它個名詞叫『境界形態的形而上學』；客觀地從存在講就叫『實有形態的形而上學』，這是大分類。」牟宗三《中國哲學十九講》，頁 103。「道家所謂『生』，不但和上帝創造萬物的『創造』不同，也和儒家從天命所說的『創生』不同。儒家的道體的確可以創生萬物。……道家也嚮往一個道體（天地萬物的根源），這個道體也能生萬物，……一切東西都不能離開道，道使然者然。這些講法相當於萊布尼茲所謂的『充足理由』。『充足理由』是在說明一物何以單單如此，而不如彼。照萊布尼茲的講法，最後的充足理由是上帝。這便是縱貫系統。道家本來也是縱貫的，但是依其講說道理的方式，講到後來，卻失去了創生的意義；所以它不屬於實有型態，而屬於境界型態。它所說的『生』是『無生之生』，是消極的意義。」，頁 424。「道家先客觀地肯定道是創生的實體，然後把這個客觀的實體變成主觀的境界或智慧。我們只要放開一步，天地萬物自然會生長，這叫做天地萬物的『歸根復命』。我們只要不去騷擾天地萬物，不塞其源，不禁其性，它們自能開源暢流，這就行了。老子講『歸根復命』，我一歸根，天地萬物通通歸根復命，一起升上來，所以道家是個觀照的境界、藝術的境界。道不是擺在那兒，為我所肯定；道就在我這裏。至於什麼是道呢？道家用『逍遙』、『齊物』、『無』等方式來表示。道家在我這兒得到肯定，是我的心境、我的智慧。我這裡一敞開，天地萬物通通和我一樣。我一逍遙，天地萬物同逍遙。我以平齊萬物之心看一切，沒有任何偏見，則天地萬物都是絕對自足，都一起升上來。……在縱貫橫講的情形下，主觀的心與客觀的物一體呈現；你有道心，物就上升到道的境界；你沒有道心，它就落下來。我們只能說『道心和一草一木一體呈現』，而不能說『道心創造一草一木』，這叫做縱貫縱講。所以道家開藝術境界，它是採觀照的態度。在觀照之中，我們達到逍遙的境界，一草一木也升上來而逍遙，也自足無待，道心與一草一木同時呈現。並非道心創造一草一木，而是兩者同時呈現。」牟宗三《中國哲學十九講》，頁 425～426。

第四章　逍遙境界與工夫論

第一節　逍遙境界

　　〈逍遙遊〉為《莊子》為全書首篇，莊子在其中揭示了體道者的境界，名之為「逍遙」，為世人立下了精神修養的標竿。全書亦由各個層面深入剖析，帶領世人逐步邁入逍遙境界。由此可知，「逍遙」的意涵於《莊子》思想中所占的重要地位。而劉鳳苞於篇首總論中云：

> 開手撰出「逍遙游」三字，是南華集中第一篇寓意文章。全幅精神，
> 祇在乘正御辨以游無窮，乃通篇結穴處。卻借鯤鵬變化，破空而來，
> 為「逍遙游」三字立竿見影，擺脫一切理障語，煙波萬狀，幾莫測
> 其端倪，所謂洸洋自恣以適己也。老子論道德之精，卻只在正文中
> 推尋奧義，莊子闡逍遙之旨，便都從寓言內體會全神。同是歷劫不
> 磨文字，而縹緲空靈，則推南華為獨步也。其中逐段逐層皆有逍遙
> 境界，如游武夷九曲，萬壑千巖，應接不暇。起手特揭出一「大」
> 字，乃是通篇眼目。大則能化，鯤化為鵬，引起至人、神人、聖人，
> 皆具大知本領，變化無窮。至大瓠、大樹，幾於大而無用，而能以
> 無用為有用，游行自適，又安往而不見為逍遙哉！〔註1〕

這是在〈逍遙遊〉正文前概述全篇意旨。首先，他以「乘正御辨以游無窮」為全篇思想的核心，然莊子卻未直言逍遙之意涵，欲人由寓言內體會，故由鯤鵬的變化展示其境。其次，以「大」為「逍遙」的要點。由鯤化為大鵬，點出至

〔註1〕劉鳳苞撰，方勇點校：《南華雪心編》（北京：中華書局，2013），頁1。

人、神人、聖人的「大知」且變化無窮。何謂「無窮」呢？劉鳳苞於「以遊无窮者」下注云：「『游』字點睛。游於無始無終之境、不生不死之門，所以為無窮也。」〔註2〕（「以遊无窮者」句下注）所謂「無始無終之境」、「不生不死之門」，按前章節的分析，所指謂的即是「道」，體道者自能遊於道境，亦即逍遙境界，由此言至人、神人、聖人的變化無窮。又由大瓠、大樹的大而無用，點出「無用之用」是為大用，反能遊於逍遙境地。而逍遙境界其實一直都在，正如道雖無形，然卻互古長存，問題在於如何能「游」？易言之，劉鳳苞以為，如何才能達到逍遙境界呢？在劉鳳苞之前，已有許多注解家對此發出不同的見解，特別是郭象之說，更為歷代注《莊》者中之佼佼者。因而在具體分析其思想前，應先釐清莊子原意，再明郭象之創發，最後再申論劉鳳苞之思想，以期透過此脈絡能更明確地掌握劉鳳苞的逍遙思想。

一、莊子——無待的逍遙

莊子對於「逍遙」的看法，首先展現於「小大之辨」之中。《莊子》云：

> 北冥有魚，其名為鯤。鯤之大，不知其幾千里也。化而為鳥，其名為鵬。鵬之背，不知其幾千里也。怒而飛，其翼若垂天之雲。是鳥也，海運則將徙於南冥。〔註3〕（〈逍遙遊〉）

此則寓言中，說北冥有魚叫鯤，而「鯤」本為小魚之名〔註4〕，莊子卻故意言其大不知幾千里，意味著小魚變為大魚，大魚又化而為大鳥——「鵬」，大鵬鳥怒而飛，至於南冥。若就「外在客觀形軀」的角度論「小大」，則是「小魚」與「大鯤、大鵬」形軀上的差異。而小魚變為大魚，基於其本同為一物，自無疑慮；然大魚化為大鵬，已跨越了物種的限制，又該如何化呢？故知由「形軀」的角度闡述「小大」，未能盡其意。但若由「主體生命境界」看「小大」之別，則能盡莊子之意。何修仁云：「『化』的意義，基本義是指身軀的變化，擴充義則意謂著生命的轉化，而在轉化的過程中，必然是朝向理想正面的。」〔註5〕此種異質的變化，就客觀的外在角度而論，僅是身軀的變化；然而，若就主體生命境界而言，便是生命的轉化。吳怡云：「這個化字除了變化的意思外，更

〔註2〕劉鳳苞撰，方勇點校：《南華雪心編》，頁9。
〔註3〕郭慶藩輯：《莊子集釋》（台北：河洛圖書出版社，1980），頁2。
〔註4〕《釋文》引《爾雅‧釋魚》云：「鯤，魚子。」郭慶藩輯：《莊子集釋》，頁3。
〔註5〕何修仁：〈《莊子‧逍遙遊》的逍遙哲學〉，《聯合學報》第二十二期（2004），頁41～42。

有昇華的意思，變化是平面的轉換，昇華則是向上的提昇。」〔註6〕「魚化而為鳥」本有向上超拔、提昇之意，故以「昇華」解「化」字，似更為貼切。故知此則寓言的寓意當為主體生命境界由小而大，由大而化，以至飛向理想光明〔註7〕。易言之，寓言中鯤化為鵬，由北冥徙於南冥，乃是就「主體生命境界」而言，表示主體生命由低處向高處「化」，並標示出一個高遠的主體生命境界，而能達高遠的主體生命境界即為「逍遙」。在此，莊子藉「大鵬怒飛」的寓言烘托出「逍遙」的境界與過程。

後文中，莊子繼續藉由「蜩、學鳩、斥鴳」與「鵬」的外在客觀形軀「大小」之別，點出客觀形軀的限制影響主體之「知」，因而對比出小鳥的「小知」與大鵬鳥的「大知」，並言「小知不及大知」，以「大知」為高〔註8〕。再引「朝菌、蟪蛄、眾人」與「楚之南有冥靈者、上古有大椿者、彭祖」作為「小年」與「大年」的對比，帶出「小年不及大年」的問題，並以「大年」為高〔註9〕。

整體而言，在「小大之辯」中，由「形軀」轉而論「知」，再論「年」。其實，莊子真欲表達的是「主體生命境界」。所以有此論述的先後順序，純是先由客觀生命的限制影響知見，再進一步表達主體生命境界有高下之別。而由「主體生命境界」的角度看「小大」，則小鳥自足於自己狹隘的生命境界，故境界為小；而大鵬鳥自足於高遠的生命境界，故境界為大。緊接著，莊子將論述的重點聚焦於「人」的生命境界上，其云：

> 故夫知效一官，行比一鄉，德合一君，而徵一國者，其自視也亦若此矣。而宋榮子猶然笑之。且舉世而譽之而不加勸，舉世而非之而

〔註6〕吳怡：《逍遙的莊子》（台北：東大圖書股份有限公司，1991.4 三版），頁53。

〔註7〕《莊子》書中的「南」、「北」，通常非單純地表示方位，「北」暗示陰、昏暗；「南」則暗示陽、明亮。成玄英疏云：「所以化魚為鳥，自北徂南者，鳥是淩虛之物，南即啟明之方；魚乃滯溺之蟲，北蓋幽冥之地；欲表向明背暗，捨滯求進，故舉南北鳥魚以示為道之逕耳。（「南冥者，天池也」句下疏。郭慶藩：《莊子集釋》，頁4。）」依此意，南方為「啟明之方」，北方為「幽冥之地」。

〔註8〕莊子云：「蜩與學鳩笑之曰：『我決起而飛，搶榆枋，時則不至而控於地而已矣，奚以之九萬里而南為？』適莽蒼者，三餐而反，腹猶果然；適百里者，宿舂糧；適千里者，三月聚糧。之二蟲又何知！小知不及大知。」郭慶藩：《莊子集釋》，頁9。「斥鴳笑之曰：『彼且奚適也？我騰躍而上，不過數仞而下，翱翔蓬蒿之間，此亦飛之至也。而彼且奚適也？』此小大之辯也。」頁14。

〔註9〕莊子云：「小年不及大年。奚以知其然也？朝菌不知晦朔，蟪蛄不知春秋，此小年也。楚之南有冥靈者，以五百歲為春，五百歲為秋；上古有大椿者，以八千歲為春，以八千歲為秋。而彭祖乃今以久特聞，眾人匹之，不亦悲乎！」郭慶藩：《莊子集釋》，頁11。

不加沮，定乎內外之分，辯乎榮辱之境，斯已矣。彼其於世未數數
然也。雖然，猶有未樹也。夫列子御風而行，泠然善也，旬有五日
而後反。彼於致福者，未數數然也。此雖免乎行，猶有所待者也。
若夫乘天地之正，而御六氣之辯，以遊无窮者，彼且惡乎待哉！故
曰：至人无己，神人无功，聖人无名。〔註10〕（〈逍遙遊〉）

就此段章句，莊子區劃出四層主體生命層次：

第一個層次：「知效一官，行比一鄉，德合一君，而徵一國者」之境。此
境界者以「知、行、德」求名於世，故十分在意他人對自己的評價，而為了迎
取名聲，必然是汲汲於外務。易言之，此境界者滯陷於外在的功名權位，並以
此自足，即為上文所論「蜩、學鳩、斥鷃」等小鳥境界，故列為最下者〔註11〕。

第二個層次：「宋榮子」之境。宋榮子能超脫世俗所給予的毀譽，肯定自
我存在的價值，故不會汲汲於外物。但卻仍存「人我之別」〔註12〕，執守於內，
未能達「物我同一」之境，因此以大笑小，未能忘我〔註13〕。故莊子評曰：「由
有未樹也」。

第三個層次：「列子」之境。列子所以能「御風而行」在於「忘我」，故能
順風勢而行。此外，又能達「彼於致福者，未數數然也。」即對於人間種種福
報，如財富、地位等皆可超脫。但卻無法超脫生死的禁錮，故未能達與造物者

〔註10〕郭慶藩：《莊子集釋》，頁16～17。

〔註11〕郭象注云：「亦猶鳥之自得於一方也。」郭慶藩：《莊子集釋》，頁17。成玄英
疏云：「自有智數功效，堪蒞一官；自有名譽著聞，比周鄉黨；自有道德弘博，
可使南面，徵成邦國，安育黎元。此三者，稟分不同，優劣斯異，其於各足，
未始不齊，視己所能，亦猶鳥之自得於一方。」郭慶藩：《莊子集釋》，頁17。
林希逸云：「知效一官，言其智能可以辦一職之事也；行比一鄉，言其德行可
以比合一鄉而使人歸向也；德見知於一君，是為遇合而可以號召於一國，言主
一國之事也。此三等人各以其所能為自足，其自視亦如斥鷃之類。」《莊子盧
齋口義校注》（北京：中華書局，1997.3 第一版），頁6。

〔註12〕唐君毅云：「以理推之，蓋謂其辨內外，以自求『情欲寡淺於內』，『人我之養，
畢足而止』，即尚未忘人我之分，而未能無己，以為至人也。」《中國哲學原論‧
原道篇一》，頁353。

〔註13〕郭象云：「唯能自是耳，未能無所不可也。（郭慶藩：《莊子集釋》，頁19。）」，
憨山大師云：「言未有樹立也，以但能忘名，未忘我。（憨山大師：《莊子內篇
憨山註》，頁171。）」，鍾泰云：「宋榮之笑『知效一官』數者，則以大笑小，
似有間矣，顧曰『斯已矣』，猶是自足之見，斯其所得亦淺哉，故斷之曰『由
有未樹』。（鍾泰：《莊子發微》，頁13。）」，王叔岷云：「案猶存我見，未能無
待也。（王叔岷：《莊子校詮‧上冊》（台北：中央研究院歷史語言研究所，1999.6
景印三版），頁19。）」

遊於無窮的境界〔註14〕，所謂「造物者」即是就「自然」而言。因而莊子評之曰：「猶有所待者也」，雖能「御風而行」，一旦失去「風」之憑藉，便無法達「泠然善也」。易言之，列子境界雖高，但仍是「有待」〔註15〕。

　　第四個層次：「至人无己，神人无功，聖人无名」之境。「至人、神人、聖人」能「乘天地之正，而御六氣（陰、陽、風、雨、晦、明之氣）之辯，以遊无窮者，彼且惡乎待哉！」，故達到「逍遙」的境界，為四者中生命境界最高者。

　　王邦雄釋此段章句，曰：

> 以是之故，「知效一官，行比一鄉，德合一君而徵一國者」的求取功
> 名於外，其生命情態亦若蜩鳩斥鷃的不知大鵬，與朝菌蟪蛄的不及
> 大椿，尚且為困守於內，不為外境之非譽所動的宋榮子所笑；而列
> 子「御風而行」的猶有所待，其「泠然善也」的輕妙，畢竟落在形
> 軀的修鍊，是以為外在的自然之氣所決定，此亦不同於至人神人聖
> 人的「乘天地之正，而御六氣之辯」，乃無掉列子去之未盡的形軀束
> 縛，並斬斷「知效一官」者與「定乎內外之分」的宋榮子所不能去的
> 功名枷鎖，當下開顯了一個廣闊無垠的新天地，精神生命遂得全然的
> 自由奔放，昇揚飛越其間，是為人間可遊，是為逍遙至境。〔註16〕

由此四層境界的分析，可知三點：第一，莊子是以「無待」為標準，判定是否達「逍遙」境界。而所謂「待」，即就主體依恃外在現實的條件而言，若就形而下現象界之角度出發，萬物皆落於現實條件下，因而無一物是「無待」、「逍遙」，故知「逍遙」並非由現象界論之〔註17〕。然若由精神層面論之，人的主體精神當可剝落對外物的依恃，超絕於客觀現實之上，達到「無待」的逍遙〔註18〕。

〔註14〕憨山大師云：「列子雖能忘禍福，未能忘死生以形骸未脫，故不能與造物遊於無窮。故待風而舉，亦不過旬五日而即返，非長往也。」憨山大師：《莊子內篇憨山註》（台北：新文豐出版公司，2004.12初版五刷），頁172。）

〔註15〕唐君毅云：「此即意在言列子雖能無己，而未能無功，以為神人也。」《中國哲學原論・原道篇弍》，頁353。

〔註16〕王邦雄：《中國哲學論集》，頁71。

〔註17〕廖明活云：「總之，從事象角度觀萬物，沒有一物不是被籠罩在實然的限制網裏，是沒有『逍遙』可言。」〈莊子、郭象與支遁之逍遙觀試析〉，《鵝湖》101期（1983.11），頁10。

〔註18〕廖明活云：「但若站於精神層面看存在，人具有超越主體，即『靈府』、『真君』、『真宰』。此主體既為超越，便能離乎『有待』。以此為本，人便有達至『逍遙』的可能了。……『逍遙』不是事象域實然的事，而是精神域修養的結果；是經由虛靜內斂工夫，使事象域諸變化往來，完全不騷擾波動『靈府』的自由自在境界。」〈莊子、郭象與支遁之逍遙觀試析〉，頁10。

第二，「乘天地之正，而御六氣之辯，以遊无窮者，彼且惡乎待哉！」即莊子為「逍遙」境界所下的明確內涵。第三，能達「逍遙」境界的體道者，莊子名之曰「至人、神人、聖人」。而莊子判別「逍遙」的標準在於主體生命境界是否達「無待」，故知其由「心」上論逍遙，依判別的標準，我們亦可稱莊子的「逍遙」境界為「無待的逍遙」。但莊子未明確地表明是否「人人皆可逍遙」，即「逍遙」是否具「普遍性」，故後人對此問題多所質疑。莊耀郎云：

> 莊子從主體論逍遙，要求不斷地自我超拔，「小知不及大知，小年不
> 及大年」之說，和有無聖人之才都是客觀命限所在，無法逾越，所
> 以莊子自己也說：「夫卜梁倚有聖人之才，而无聖人之道；我有聖人
> 之道，而无聖人之才」，萬物殊性異能，並不是每個人都能兼備眾材
> 的。……莊子實具有一悲涼無奈的現實感受，要達到逍遙的境地，
> 首先在先天的條件上即必須具備大知的聖人之才，至於後天的因素，
> 則必須有機緣得「聖人之教」，加上個人的修證也必然要有徹達的工
> 夫以成之，才能成就一個「真人」的生命，……聖人之逍遙果真只
> 是少數天才所專有，則如何能洽浹安頓芸芸眾生的生命？如此則《莊
> 子》書中一直是存在著內聖和外王如何通而為一，方內和方外同不
> 同禮，人間世和逍遙場是否為一，知與行，才與德，普遍性和特殊
> 性如何統一等的問題，這些可以說都涵在其系統中。〔註19〕

莊子在〈逍遙遊〉中揭示了逍遙的境界，但卻在〈大宗師〉中藉「卜梁倚有聖人之才而无聖人之道〔註20〕」一文，說明欲達逍遙境界有三個條件：首先要具備「聖人之才」，其次要得「聖人之教」，最後藉主體修證以達成。其中，「聖人之才」是先天所具備的，未必人人皆有，若無聖人之才，即便後天再怎麼努力，亦是無法達到逍遙境界，此即客觀的命限所在。如此說來，聖人的逍遙便淪為天才的專利，那芸芸眾生又該如何安頓生命呢？故言莊子的「逍遙」有著是否具「普遍性」的困境。

二、郭象——適性的逍遙

莊子之後，後人對於「逍遙」是否具「普遍性」多所質疑，直至郭象注《莊

〔註19〕莊耀郎：《郭象玄學》（台北：里仁書局，1998），頁57～59。

〔註20〕〈大宗師〉：「夫卜梁倚有聖人之才而无聖人之道，我有聖人之道而无聖人之才，吾欲以教之，庶幾其果為聖人乎！不然，以聖人之道告聖人之才，亦易矣。」，郭慶藩：《莊子集釋》，頁247。

子》時，將此議題納入其「逍遙」觀中，方解決了莊子思想中「逍遙」是否具普遍性之疑慮。其云：

> 夫小大雖殊，而放於自得之場，則物任其性，事稱其能，各當其分，逍遙一也，豈容勝負於其間哉！〔註21〕（「逍遙遊第一」句下注）
> 苟足於其性，則雖大鵬無以自貴於小鳥，小鳥無羨於天池，而榮願有餘矣。故小大雖殊，逍遙一也。〔註22〕（〈逍遙遊〉「我決起而飛，槍榆枋，時則不至而控於地而已矣，奚以之九萬里而南為？」句下注）

論述莊子的逍遙時，由主體生命境界切入，或可忽略外在客觀形態「小大」的差異，將蜩、學鳩、斥鴳、鵬等視為寓言中的角色。然現實生活中，萬物確實存在客觀的差異，因而郭象突出大鵬與小鳥間的客觀現實差距，並泯齊客觀現實上「大、小」的差距，以為只要「物任其性，事稱其能」而至「足於其性」，回歸於自己本有的性分，而至「適性」，則兩者皆可登「逍遙」之境而無高下之別，因而言「逍遙一也」。而「人」的差異，除外在形軀小大之別，更重要的是人所稟受之性分。而郭象之「性分論」，依莊耀郎之說，僅具自然的稟受之義，偏向於對特殊性的一面〔註23〕。人所稟受的自然之性殊異，具個別性與特殊性，且於出生之時便已定，其稟性大者自可達「無待的逍遙」，然稟性小者，雖無法至無待的逍遙，卻可藉「適性」達逍遙之境。易言之，郭象將莊子判定逍遙的標準，由「無待」轉為「適性」，由主體工夫的超昇轉向極其性分、適性安命的理境，解決了莊子思想中「逍遙」是否具普遍性之疑慮。

　　郭象雖解決了莊子思想中「逍遙」具普遍性的問題，然明顯地由其注文中可看出達至逍遙的進路依「小大」的不同而有所區別。因此其所謂「逍遙一也」之「一」又該如何解釋呢？其於「若夫乘天地之正，而御六氣之辯，以遊无窮

〔註21〕郭慶藩：《莊子集釋》，頁1。
〔註22〕郭慶藩：《莊子集釋》，頁9。
〔註23〕莊耀郎云：「郭象的性分論不重在傳統對於性作根源性的探討方式，也不賦予形上的性格，而只有自然的稟受之義。雖然他也說過『仁義是性』的話，究其實仍是偏向於對特殊性的一面展開他的理論。主要的論點是人事即性分之實現，性分即人事之根據，內外相符應。現實上所見之事，在理論上都出於性分之內，即所謂『徒識已然之見事耳，未知已然之出於自然也。』已然之見事即指『分』而言，自然即指『性』而言，若權作仔細的分析，也可以說『性』偏向內在的根據義，『分』則偏向外在所處的位置，各依其性，各安其位，則謂之得性安分。」《郭象玄學》，頁130。

者，彼且惡乎待哉！」下的注文，更加詳盡地分析此理：

> 天地者，萬物之總名也。天地以萬物為體，而萬物必以自然為正，自然者，不為而自然者也。故大鵬之能高，斥鴳之能下，椿木之能長，朝菌之能短，凡此皆自然之所能，非為之所能也。不為而自能，所以為正也。故乘天地之正者，即是順萬物之性也；御六氣之辯者，即是遊變化之塗也；如斯以往，則何往而有窮哉！所遇斯乘，又將惡乎待哉！此乃至德之人玄同彼我者之逍遙也。苟有待焉，則雖列子之輕妙，猶不能以無風而行，故必得其所待，然後逍遙耳，而況大鵬乎！夫唯與物冥而循大變者，為能無待而常通，豈〔獨〕自通而已哉！又順有待者，使不失其所待，所待不失，則同於大通矣。故有待無待，吾所不能齊也；至於各安其性，天機自張，受而不知，則吾所不能殊也。夫無待猶不足以殊有待，況有待者之巨細乎！〔註24〕（「若夫乘天地之正，而御六氣之辯，以遊无窮者，彼且惡乎待哉！」句下注）

注文中，郭象承認有「有待、無待」的區別。莊耀郎云：「如果依逍遙是生命境界的呈現，是一內容真理言之，則此境界所代表的意義，和它所憑藉以達致的工夫歷程當密切不可分，也必然相一致的，這也就是『以教定宗』的意思，從工夫之內容規定所達到的境界，則郭象自己也必須承認有待、无待的分別，則『逍遙一也』如何可能？」〔註25〕若就工夫進路論逍遙，「至人、神人、聖人」自當可由工夫進路層層剝解有待，以至於無待，故郭象勢必承認有「有待、無待」之區別，那又該如何言「逍遙一也」？即如上所言，以泯齊性分差別的「適性」方式解決此問題。而郭象順莊子「有待、無待」之別，將達致逍遙的進路分作兩種：一為「至德之人玄同彼我者之逍遙也」，一為「必得其所待，然後逍遙耳」。「至德之人玄同彼我者之逍遙也」，「至德之人」即「至人、神人、聖人」，而至德之人由工夫進路所達的逍遙境界，自然合於莊子「無待的逍遙」。然而「必得其所待，然後逍遙耳」者為「一般人」，因其性分受限，無法達至莊子無待的逍遙，但卻可藉由前者的「順有待者，使不失其所待」達至「適性的逍遙」。於此狀況下，所謂「適性」、「任性」、「足於其性」、「稱能」、「當分」、「自得」等本為實然意義之概念，遂一轉而為價值

〔註24〕郭慶藩：《莊子集釋》，頁20。
〔註25〕莊耀郎：《郭象玄學》，頁61。

之所在〔註26〕。易言之，有待者之逍遙必賴無待者的「順有待者，使不失其所待」以保證之。由此看來，「逍遙一也」的「一」，指的是一同於「足於性分」並非指兩者的逍遙具有相同的內容。若以判斷「逍遙」的標準而言，莊子式的「逍遙」可稱作「無待的逍遙」，而郭象式的「逍遙」則可稱「適性的逍遙」〔註27〕。

　　總言之，郭象以「適性」的角度，解決莊子「無待的逍遙」的理論中所引發的「普遍性」困境，藉無待者的「豈獨自通而已哉！又順有待者，使不失其所待」，使有待者「適性」，則有待、無待皆渾化於道術之中，聖人與萬物同登「逍遙」境界。但在這看似圓滿的理論架構下，因郭象「適性」之「性」，僅具自然的稟受之義，故隱藏著使人性向下墮的危機，而流於僅是滿足物欲之限，缺少了由心上自覺地做工夫以保證之。儘管如此，仍無法否定掉郭象對莊子逍遙義之創見〔註28〕。

三、劉鳳苞——清虛的逍遙

　　就劉鳳苞於〈逍遙遊〉前的注文，已大略了解其對全文的理解為以「乘正御辨以游無窮」為全篇思想的重點，此無異於莊子。但其以「大」為逍遙的要點，則需進一步釐清。對《莊子》中的「小大之辯」，莊子是以「主體生命境界」為進路，所謂小大不過在喻主體生命境界的不同，無關乎現實生活中萬物外在客觀的形軀之別；郭象則以「外在客觀形軀」為進路，突出了現實生活中

─────────────

〔註26〕林聰舜云：「客觀而言，萬物並非真能達到逍遙自在，就萬物自身而言，逍遙僅為由至人之心觀照下，萬物不復有依待遷流相之自爾獨化境界，萬物之逍遙乃繫屬於主體之觀照而來。至人之心既為一『價值』之超越主體，則其觀照活動即為一價值實現活動，故於此種『與物冥而循大變』之道心觀照下，『適性』、『任性』、『足於其性』、『稱能』、『當分』、『自得』等本為實然意義之概念，遂一轉而為價值之所在，而同歸逍遙矣。」《向郭莊學之研究》（台北：文史哲出版社，1981.12 初版），頁 56。

〔註27〕此處將莊子的「逍遙」稱作「無待的逍遙」，而將郭象的「逍遙」稱作「適性的逍遙」，乃是依莊耀郎《郭象玄學》一書所論，藉以凸顯莊子、郭象二人「逍遙」義之別。參見《郭象玄學》，頁 61。

〔註28〕蘇新鋈盛讚郭象《注》，云：「總上就郭象對莊子人生論思想之闡發看，莊子之人生論諸義，實要皆不外以一『心齋』之『心』為中心而展開，而郭象之注，實亦甚能把握此精神。故象注之莊書人生論思想，不論是就養生、心齋言，或就安命、逍遙言，其注之文字或有繁簡詳略之不同，以至其義對應於原文之本身字句言，或亦有若干之出入與偏差，然就總括之根本思理之發明言，象注之表現實仍乃極為精當相應者，且其成就實亦遠在魏、晉之一般名賢之上也。」《郭象莊學平議》（台北：台灣學生書局，1980.10 初版），頁 323。

萬物形軀的小大。而劉鳳苞又屬於哪種進路，抑或是別有新意呢？其云：

> 「大」字，一篇主腦。〔註29〕（「鯤之大」句下注）

> 從魚遞鳥，寫出化境。〔註30〕（「化而為鳥」句下注）

> 物之大小，皆造物之生氣所鼓盪。大鵬與野馬、塵埃，作一例觀可
> 也。〔註31〕（〈逍遙遊〉）

除前言「『大』字乃是通篇眼目」外，又謂「『大』字，一篇主腦」，可見劉鳳
苞論逍遙時，非常重視「大」字。而現實生活中萬物形軀大小有別，此「皆造
物之生氣所鼓盪」，依劉鳳苞的宇宙創生之說，形而上的道，透過元氣徹上徹
下貫通有無，元氣又分作陰陽二氣，陰陽二氣互為其根，分合而為萬物，一切
命之在天，不容人為參與其中。故就外在客觀形軀而言，萬物形軀自有小大之
別；但若就內在主體性而言，萬物皆為道之所造，即便所分得之氣厚薄不同，
但皆可上通於道。易言之，萬物雖形軀有別但體性相同，故知道遍在於萬物之
中，因而謂「道備於吾身之內」。正因萬物體性相同，故其論逍遙時，並未突
出現實中萬物外在客觀形軀的區別，故言「大鵬與野馬，作一例觀可也」。由
此可知，劉鳳苞對於「小大」的態度，應同於莊子由「主體生命境界」為進路。
而所以如此重視「大」，乃因「大而能化」，而「從魚遞鳥，寫出化境」。若「大」
字由形而下現象界的角度而言，則魚「化」為鳥全然不合現實邏輯概念。當然，
若由劉鳳苞萬物皆由道生的設定出發，異物間體性相同自然能化，但此已進入
道境，非單純就形而下的現實世界而言。於此，可進一步確認劉鳳苞非就形軀
論「小大」，而是由「本體生命境界」看「大而化之」，意謂著主體生命因至大
方能化，而進入化境，即進入逍遙之境。李章博對此云：

> 「大則能化」，可說意味著心之至大可超越形體之小，而有了精神的
> 轉化和提昇。二蟲拘於形而不知化的小知，與此大知心靈明顯存在
> 差距。〔註32〕

> 大鵬與小鳥的不同境地，則代表著「小知不及大知」的「小大之辯」。
> 而大小境界之有別，關鍵正在於存在物能否超越形軀而獲得主體精

〔註29〕劉鳳苞撰，方勇點校：《南華雪心編》，頁2。
〔註30〕劉鳳苞撰，方勇點校：《南華雪心編》，頁2。
〔註31〕劉鳳苞撰，方勇點校：《南華雪心編》，頁3。
〔註32〕李章博：《劉鳳苞《南華雪心編》之研究》（南京：南京大學中國古代文學系博
　　　　士論文，許結先生指導，2016.8），頁91。

神的自由。〔註33〕

劉鳳苞同於莊子，由「心」上論逍遙，所謂「心之至大」即指生命境界的至大，而於此時可超越形軀之限，即主觀生命境界進入化境後可超越形骸之限。此處李章博將「大」歸於內在之「心」，「小」歸於外在之「形軀」，大小分屬不同範疇，於理上似有疑慮，然其大意未悖劉鳳苞之說。而後文又就著「知」而言「小大」，判別出蜩與學鳩自囿於形軀不知化的「小知」與鵬超越於形軀知化的「大知」，並據此言關鍵在於主體是否能超越形軀而獲得精神的自由。而其中的「化」，不由外在客觀形軀而論，乃指主體生命境界的「昇華」，向上的提昇。

　　行文至此，可知劉鳳苞對於「小大之辯」的進路同於莊子，亦由「心」上論。而其判斷逍遙的標準是否亦同於莊子的「無待」呢？華雲剛云：

> 劉鳳苞對〈逍遙遊〉思想就有自己獨特的看法。……在最後一段的評點中，劉鳳苞揭示「遊」要「自適於清虛」：「無為其側，寢臥其下」。可見，對於「逍遙遊」的含義，劉鳳苞給出了自己的評價和分析。〔註34〕

華雲剛認為劉鳳苞在〈逍遙遊〉篇末的評點中，提出「自適於清虛」為逍遙遊的含義，展現了自己獨特的看法。以下茲引述完整注文作進一步的分析。劉鳳苞云：

> 無何有之鄉、廣莫之野，空空洞洞，至人之所游也；無為其側，寢臥其下，至人之所為逍遙也。果何道以致此哉？惟其自適於清虛，而不以眾所同去為患也。一篇寓意文章，千盤百折，至此始為「逍遙」二字點睛，可想見慘淡經營之致矣。〔註35〕（〈逍遙遊〉）

《莊子》原文中，莊子面對惠子藉大樹的大而無用質疑其言亦大而無用，莊子以「無用之用」方能達逍遙境地回應。而劉鳳苞注云：「無何有之鄉，廣莫之野，空空洞洞」，若由外在客觀經驗界看待，此段在形容一個空無一物的廣大荒野；但若由主體生命境界看待，則「無何有之鄉」雖為空洞，然此空洞是建立在主體精神能超越於萬物之上，而能如此，則自然不會為形軀、執念所限，因而謂之「廣漠之野」，故知此二句其實是在形容「大而能化」的生命境界。

〔註33〕李章博：《劉鳳苞《南華雪心編》之研究》，頁91。
〔註34〕華雲剛：《劉鳳苞及《南華雪心編》研究》（南京：南京師範大學中國語言文學系博士論文，徐克謙先生指導，2016.4），頁131。
〔註35〕劉鳳苞撰，方勇點校：《南華雪心編》，頁18。

而至人游於此境時,「無為其側,寢臥其下」。「無為、寢臥」,似在言至人什麼都不做,就倒在那睡覺,但就著本體生命境界而言,二語其實是在烘托至人無執無著、隨順自適的精神境界。易言之,整段注語先描述逍遙境界的狀態,再論至人達此境時的精神狀態。而「逍遙境界」即「道境」,當至人登此境時,道與人合一,並無區別。但如何能登此逍遙境界呢?劉鳳苞以為要「自適於清虛,而不以眾所同去為患也」,關鍵即華雲剛所提的「清虛」。依注文所言,「清虛」應可視為一種狀態,且「不以眾所同去為患也」,即此狀態不會執定於世俗的價值觀而人云亦云,並能超越於其上不以為患。而劉鳳苞於《凡例》中亦曾云:「此卷以『雪心』名篇,蓋深有味乎寓言之旨,正欲使索解者透入清虛也。〔註36〕」由此可知,劉鳳苞注《莊子》時確實重視「清虛」的概念,甚而以此為其名篇之由。而「清虛」於劉鳳苞注中,所指為何?以下將注文中曾出現過「清虛」一詞處引出:

> 至老聃自謂「遊心於物之初」,則透入清虛,全無迹象矣。〔註37〕

> 老聃先示以「齋戒」二字,亦如內篇心齋之義,疏瀹澡雪,則透入清虛,纖塵不著。〔註38〕

> 上「之」字,行而無迹,故能超出塵表,而透入清虛,內篇所謂為天使也。下「之」字,著迹以求,故雖洞悉物情,而皆落邊際,內篇所謂為人使也。〔註39〕

> 說到此處,透入清虛境界,不獨使物累消除,並道心一齊融化,真可謂篇終接混茫也。〔註40〕

> 能自適於清虛而不為形骸所累,則至樂存焉矣。〔註41〕

> 冰解凍釋則復其初,衛生者亦不過還其清虛之體以為進道之資而已。〔註42〕

根據上述引文,可察見「清虛」一詞往往聯繫著幾個概念:第一,能超絕於世俗之上:如其言「纖塵不著」、「超出塵表」、「使物累消除」、「不為形骸所累」。

〔註36〕劉鳳苞撰,方勇點校:《南華雪心編》,頁2。
〔註37〕劉鳳苞撰,方勇點校:《南華雪心編》,頁486。
〔註38〕劉鳳苞撰,方勇點校:《南華雪心編》,頁520。
〔註39〕劉鳳苞撰,方勇點校:《南華雪心編》,頁752。
〔註40〕劉鳳苞撰,方勇點校:《南華雪心編》,頁689。
〔註41〕劉鳳苞撰,方勇點校:《南華雪心編》,頁404～405。
〔註42〕劉鳳苞撰,方勇點校:《南華雪心編》,頁560。

就精神境界而言，於己能夠化除形軀之累，於物能夠化除物之累，自然能超出塵表，纖塵不著。第二，應世無迹：如其言「全無迹象」、「行而無迹」。能入清虛之境，則能超絕世俗之上，無心應世，則全無迹可言。而「無迹」乃就著「無心」而言。第三，清虛乃道境的狀態，如其言「游心於物之初」、「復其初」。清虛即為道境的狀態，同時亦為達道境之工夫，因而知清虛亦含有工夫義。合而言之，「清虛」乃為道境，同時亦兼含有工夫義，能達「清虛」之境的體道者，必能超絕於世俗之上，應世無迹，不為物累。而劉鳳苞注解〈山木〉「市南宜僚見魯侯」段時，即具體說明「清虛」之用。其云：

> 此段只「虛己遊世」一句，括盡通篇奧義。魯侯憂其不免於患，不能遊於虛也。學道修業、敬鬼尊賢，全是著迹以求，所謂有人之累、見有於人之憂也。……能建德於無形之地，則自有其國，而魯國不足為有無。此種境界，與民相忘，各率其真，從心而不踰其矩，惟道集虛，與之相輔而行。乘雲氣，御飛龍，以遊無窮之寓，尚何繫念於塵埈之微哉！……去其人之累，而我與天下相忘，更何有於一國？除其見有於人之憂，而天下與我相忘，又何重乎一國？語語透入清虛，真不食人間煙火者。「虛舟」一喻，更為超脫。實則胸中有物，相觸而不能相忘；虛則胸中無物，逆來而亦可順受，遊於無物之地，物安得而傷之？〔註43〕（〈山木〉）

整段注文在闡明「虛己遊世」之旨。首先，由「魯國」與「建德之國」對比。魯侯所以不免於患，因其「著迹以求」，凡學道修業、敬鬼尊賢，不過如〈逍遙遊〉中「知效一官，行比一鄉，德合一君，而徵一國者」的境界，此境界者以「知、行、德」求名於世，往往汲汲於外務。因而易滯陷於外在的功名權位，並以此自足，為四種境界中最下者。此外，因其「迹」未泯，便有「人之累」、「見有於人之憂也」。所以有「人之累」，因其「意中有國〔註44〕」，有心治國，故其治迹未化；治迹未化，人民蒙受其恩德，因而推其為君，從此憂民之憂，為人民所役使〔註45〕，自然不能遊於虛。而建德之國的君王治無治迹，君民相忘，人們依其本有之性發展，心無執念，虛以應物，拋棄一切人為律定的規則，

〔註43〕劉鳳苞撰，方勇點校：《南華雪心編》，頁 453～454。

〔註44〕劉鳳苞注曰：「意中有國，則有人之累。」（「故有人者累」句下註，頁 452）

〔註45〕劉鳳苞注曰：「人見其德而奉之為君，是見其所有於人，則為人役而憂民之憂。」（「見有於人者憂」句下註，頁 452）

依於道而行，自然無患〔註46〕。接著說明能依於道而行，便能「乘雲氣、御飛龍，以遊無窮之寓」，此段描寫同於〈逍遙遊〉中「逍遙」的境界。易言之，能以道治國，便能治無治迹而免於「有人者累」與「見有於人者憂」之患。能去「人之累」，則我與天下相忘；能去「見有於人者憂」，則天下與我相忘，彼此相忘，便可登逍遙境界。最後，歸結至「虛己遊世」，所謂「虛己」，劉鳳苞自云：「虛己者，無心也〔註47〕」，所謂即「無心」，即能不帶任何主觀價值應世，則物我無傷，各自相安。故知欲「虛己遊世」要在「無心」，能超越世俗價值觀且不以主觀價值應世。同篇「北宮奢為衛靈公賦斂」文後，點評曰：

> 此段承上虛己以遊之義而推論之。有心賦斂，而民以為苦，即我亦覺其徒勞；無心任物，則不著賦斂之迹，而民與我相忘，直行所無事焉已矣。一之間，無敢設，以之處世何不宜？正虛之妙用也。〔註48〕（〈山木〉）

其中仍在強調執政必須「無心任物」，以「無心」的方式使百姓順本有之性發展，則治無治迹，我與民相忘，彼此間相安無事，而此一切皆為「虛」的妙用。楊菁云：

> 能處於「虛」者，不僅能達於道之化境，且用於處世，亦可免除負累與憂患。能以「虛」入世者，可以不為形軀所累，而達到精神的快樂。……甚而不為萬物所撓心，足以將天地萬物，纖毫畢照於心，此皆為有道者之境。〔註49〕

就「道境」言，處虛者可臻；就「處世」而言，處虛者可物我相忘，相安無事。綜觀「清虛」意涵的分析，〈逍遙遊〉末段本為莊子用以具體說明「至人無己」的事例，關鍵在於「無己」；當劉鳳苞注解此段時，改以「清虛」論之，而應世時，則強調「無心」任物。因而可推論莊子的「無己」與劉鳳苞的「清虛」、「無心」所指相同，即不囿於一己成見，將自我偏執的價值觀強加於萬物之上，並能洞察萬物自然本性且隨順之，則萬物皆可得其大用。故知劉鳳苞判斷是否達道之境的標準為「清虛」，即「無己」、「無心」。

〔註46〕劉鳳苞注曰：「捐棄一切有為法，歸心於道，而後足以除患。」（「與道相輔而行」句下註，頁451）

〔註47〕劉鳳苞注曰：「虛己者，無心也。」（「人能虛己以遊世」句下註，頁453）

〔註48〕劉鳳苞撰，方勇點校：《南華雪心編》，頁455～456。

〔註49〕楊菁：《劉鳳苞與王先謙治《莊》研究》（台北：秀威經典，2017.3一版），頁227～228。

　　總結劉鳳苞對「逍遙」的詮釋，在「小大之辯」中，乃由「主體生命境界」為進路，說明生命境界有小大之別，而此無關乎外在客觀形軀之大小。隨著生命境界一步步向上提升邁入至大，此時便能「化」，進入逍遙境界，而此皆由「心」上論逍遙，與莊子思想無異。然莊子判斷是否達逍遙的標準為「無待」，而劉鳳苞則是「清虛」。兩者間是否有所區別呢？

　　所謂「無待」，即如前所言，乃無所依待，剝落主體對外在客觀條件的依恃，使主體能超昇於外在客觀條件之上，悠遊自在。當達「無待境界」時，體道者便能洞察萬物自然本性且隨順之，則萬物皆得其大用。而「無待」即是「逍遙」亦是「道境」，既為境界義，亦含著工夫義。

　　比較二人之說，就逍遙境界而言，其內容並無異，唯一區別僅在「無待」與「清虛」的標準，故可將劉鳳苞的逍遙名之為「清虛的逍遙」。然若就道境而言，體道者必是能實踐「無待」、「清虛」工夫，故知「道境」必涵攝者「無待」、「清虛」，僅是面向不同罷了。可知見劉鳳苞對是否達逍遙的標準，是不同於莊子的，然此不同，僅是面向不同，若就其所達之逍遙境界是全然相同。易言之，若由思想角度看劉鳳苞注莊子無待的逍遙，仍不脫莊子所論。唯其創見處，在於改用「清虛」一詞，並強調了「虛」之妙用，發莊子所未發。

　　劉鳳苞對於郭象「適性的逍遙」，又是如何看待呢？基本上，郭象以「適性」的角度，正視萬物外在客觀形軀之別，解決了莊子「無待的逍遙」普遍性之困難。然郭象之「性」，僅具自然的稟受義，恐流於滿足物欲之限，因而失去一終極根據。莊耀郎云：

> 郭象所說的性的內容雖然表面上也把孟子的仁義也涵蓋於其中，說「仁義自是人之情性」，「義自是人情」，但綜觀他整體的論性系統，仍是偏落在特殊性上說，而未就具道德普遍性的仁義之性有所闡述。〔註50〕

郭象論性，偏重在氣質之性，因而重在由特殊性的一面論性，而忽視了人人本具的仁義之性，且氣性之差異是無法通過人為方式彌補。而劉鳳苞亦不認同郭象由「適性」上論逍遙，如郭象注解「之二蟲又何知」時，曰：「二蟲，謂鵬蜩也。」〔註51〕（《逍遙遊》注）以為蜩、鵬不分高下，皆為有待者，故需「順

〔註50〕莊耀郎：《郭象玄學》，頁112。
〔註51〕郭慶藩輯：《莊子集釋》，頁7。

有待者，使不失其所待」達至「適性的逍遙」。但劉鳳苞則指二蟲為蜩與鸒鳩，並稱：「彼二蟲豈足以知大鵬？便是小知不及大知榜樣。」〔註52〕注文中明顯區別出鵬和蜩鳩的境界有別，而鵬即為逍遙的境界。

劉鳳苞既然不認同由「適性」論逍遙，則莊子逍遙思想中的普遍性問題，又該如何說明呢？第三章論劉鳳苞的宇宙生成論時，強調了「道備於吾身之內」、「物物各具一太極」，故知主體內在之性為道藉由氣所賦予的，然此性中收攝了孟子的「仁義之性」。其云：

> 不以心捐道，不以人助天，即孟子所謂「直養無害」者也。〔註53〕
> （〈養生主〉）

> 本至壹之體，而運以直養無害之氣，故能與造物者為徒，而通乎萬
> 物之所造。〔註54〕（〈達生〉）

第一則章句直接以孟子的「直養無害」來說明「不以心捐道，不以人助天」，而第二則章句則言「運以直養無害之氣」。而「直養無害」之「直」，所指為何呢？《孟子》云：「『敢問何謂浩然之氣？』曰：『難言也。其為氣也至大至剛，以直養而無害，則塞于天地之間。其為氣也配義與道，無是餒也。是集義所生者，非義襲而取之也。』」〔註55〕。孟子論其所謂「浩然之氣」乃是配上「義」與「道」，故知此氣乃就「道德」而言。而此氣乃「集義所生」，因而知「直養」之「直」，為「合於義的行為」。整體而言，「浩然之氣」為儒家的道德之氣，而養得此氣的方式為日復一日的行義，積善成德。由此可知，劉鳳苞注解莊子時，融入了孟子的心性論，使主體之性帶有孟子的仁義之性。而孟子論性，以為人皆有「惻隱」、「羞惡」、「辭讓」、「是非」之心，而「人之有是四端也，猶其有四體也。〔註56〕」，故知四端之心為人天生所擁有的，而孟子即據此四端之心證明人成聖的普遍性。整體而言，劉鳳苞以為萬物的形成，乃透過形而上的元氣分陰分陽，陰陽二氣互為其根，分合而物成。雖萬物外在形軀有別，然其體性相同皆源於道，而將孟子的仁義之性融入其中，則萬物皆具仁義之性，由此或可視為萬物皆具逍遙之質，以化解莊子無待逍遙普遍性的困境。

〔註52〕劉鳳苞撰，方勇點校：《南華雪心編》，頁6。
〔註53〕劉鳳苞撰，方勇點校：《南華雪心編》，頁67。
〔註54〕劉鳳苞撰，方勇點校：《南華雪心編》，頁424。
〔註55〕阮元：《孟子》《十三經注疏》（台北：藝文印書館，1955），頁53。
〔註56〕阮元：《孟子》，頁64。

第二節　工夫論

　　於第一節中，已透過分析莊子「無待的逍遙」、郭象「適性的逍遙」，以明劉鳳苞「清虛的逍遙」的內容及其判斷標準。故知莊子關切人主體的生命境界，因此提出了「工夫論」藉以達「逍遙」境界，使主體生命面對外在紛擾時，皆能保持心境的平和。但在莊子時代，主體生命又有些甚麼問題？牟宗三論道家反對「造作」時，曾提及三個層次：

> 最低層的是自然生命的紛馳使得人不自由不自在。人都有現實上的自然生命，紛馳就是向四面八方流散出去。這是第一層人生的痛苦。……在上一層，是心理的情緒，喜怒無常等都是心理情緒，落在這個層次上也很麻煩。再往上一層屬於思想，是意念的造作。現在這個世界的災害，主要是意念的災害，完全是 ideology（意底牢結，或譯意識型態）所造成的。……意念的造作最麻煩，一套套的思想系統，擴大說都是意念的造作。意念造作、觀念系統只代表一些意見（opinion）、偏見（prejudice），說得客氣些就是代表一孔之見的一些知識。〔註57〕

牟氏提出「自然生命的紛馳」、「心理的情緒」、「意念的造作」三個層次，說明道家反對「造作」的原因，而此三點正可含括主體生命所可能面臨的困境。

1. 自然生命的紛馳

　　此處專指人的「嗜欲」，如《莊子・天地》中云：「且夫失性有五：一曰五色亂目，使目不明；二曰五聲亂耳，使耳不聰；三曰五臭薰鼻，困惾中顙；四曰五味濁口，使口厲爽；五曰趣舍滑心，使性飛揚。此五者，皆生之害也。」〔註58〕（〈天地〉），人本有自然的慾望，但「五色、五聲、五臭、五味、趣舍」刺激了生理感官，人便開始向外追逐超出性份所需的刺激與享受，形成「嗜欲」，導致人失去其本有的自然之性，故曰「生之害」也。

〔註57〕牟宗三云：「所以任何大教都以智慧為目標，而不提供知識，智慧的不同就在把知識、觀念的系統、意念的造作化掉。凡是意念的造作都是一孔之見的系統，通過這些孔有點光明，但週圍就圍繞了無明，只有把它化掉，才全不都是明，智慧就代表明。道家就在這裡講無，不討論系統而反要將系統化掉。自然生命的紛馳、心裡的情緒，再往上，意念的造作，凡此都是系統，要把這些都化掉。」《中國哲學十九講》（台北：台灣學生書局，2002.8 第九次印刷），頁92～93。

〔註58〕郭慶藩輯：《莊子集釋》，頁453。

人既然喜好感官的刺激與享受，便會開始冀求能永遠的擁有，此時所遭遇的困境便是人為一有限的自然生命體。「生老病死」是自然生命中本有的過程，上至君王下至百姓，皆無法避免。一旦所求不得，便偏執於「樂生惡死」。莊子曾舉麗姬悔其泣之事以作說明：

> 麗之姬，艾封人之子也。晉國之始得之也，涕泣沾襟；及其至於王所，與王同筐床，食芻豢，而後悔其泣也。予惡乎知夫死者不悔其始之蘄生乎！〔註59〕

麗姬初至晉國時，非常難過，後其與晉王同享優渥的物質生活後，便開始後悔當初何必如此。莊子藉此說明，人因對未知世界的恐懼，導致「樂生惡死」的情感。但究竟是「生」可樂還是「死」可樂耶？並無人知曉，故言「惡乎知夫死者不悔其始之蘄生乎」，教人以平常心看待自然生命的變化，不必執著於「樂生惡死」的情感。

綜言之，自然生命的紛馳，包含了感官對聲、色、味追求所形成的「嗜欲」與自然生命「生老病死」的偏執，主要是根源於自然生命。

2. 心理的情緒

此指喜怒無常的心理情緒。人易受外在事物的影響，使內在的心境產生動盪，因而有了喜怒哀樂之情。〈齊物論〉中云：

> 狙公賦芧，曰：「朝三而暮四」，眾狙皆怒。曰：「然則朝四而暮三」，眾狙皆悅。名實未虧而喜怒為用，亦因是也。〔註60〕（〈齊物論〉）

不論「朝三而暮四」或是「朝四而暮三」，其總數皆同，但眾狙卻有喜、怒不同之情緒。莊子藉眾狙之反應告誡世人，不可讓內在的心境隨外在事物動盪。而外在環境中，最容易影響心理情緒的，不外乎「名」、「利」二者。〈刻意〉篇云：

> 眾人重利，廉士重名。〔註61〕（〈刻意〉）

引文說明一般人重視利益，廉潔之士重視名聲，〈駢拇〉中云：「小人則以身殉利，士則以身殉名」〔註62〕（〈駢拇〉）。一般人為生活所苦，故重視追求利益，因此便有「民之於利甚勤，子有殺父，臣有殺君；正晝為盜，日中穴

〔註59〕參見〈齊物論〉：「予惡乎知說生之非惑邪？予惡乎知惡死之非弱喪而不知歸者邪？」郭慶藩：《莊子集釋》，頁103。

〔註60〕郭慶藩輯：《莊子集釋》，頁70。

〔註61〕郭慶藩輯：《莊子集釋》，頁546。

〔註62〕郭慶藩輯：《莊子集釋》，頁323。

阫。」〔註63〕（〈庚桑楚〉）的狀況。至於廉潔之士自以為清廉，故好博取「聖人」、「仁者」的名聲，殊不知「名者，實之賓也。」〔註64〕（〈逍遙遊〉）。無論是眾人逐利或廉士求名，在莊子眼中並無高下之別，皆是「殘生損性」。所以如此，是因追名逐利時，產生患得患失的心情，與得知結果時所產生的喜怒哀樂情緒，會影響人內在的自然本性。《莊子》亦曾舉「臧與穀，二人相與牧羊而俱亡其羊」〔註65〕的寓言，說明兩人亡羊之因雖有所區別，但「亡羊」的結果卻是相同的，由此對比出伯夷與盜跖，雖然二人所殉不同，但「殘生損性」的結果亦是相同的，故無高下之別。由此可知莊子所重者為人內在的心性，其中最易傷害人內在心性者，即是隨外物動盪所產生的喜怒哀樂之情，此偏向說明外在環境對內在心理情緒之影響。

3. 意念的造作

　　人因所處的風俗環境與所受的教育不同，故每個人的主觀價值便有所不同，進而影響人對外在事物的價值判斷，紛爭便由此而起。個人尚且如此，一旦形成學派，影響便擴及至廣大百姓。牟氏所論的「意念的造作」，即是在說明諸子百家興起，各派提倡自己的學說，如儒家提倡「仁愛」、墨家倡導「兼愛」、法家重「法治」等。各派支持者對自家學說深信不疑，進而形成意識型態，面對外在事物時，皆以偏於一隅的觀點衡量、判斷，並竭力攻擊其他派別的說法，〈齊物論〉云：

> 道隱於小成，言隱於榮華。故有儒墨之是非，以是其所非而非其所是。〔註66〕（〈齊物論〉）

莊子雖以儒、墨二家為例，但諸子間皆「以是其所非而非其所是」。思想合於己者為是，異於己者為非，自囿於自己的框限中。但天地之大，百姓之眾，真能以一套固定的思想價值權衡天下的人、事、物，並要求天下人共同遵守嗎？

〔註63〕郭慶藩輯：《莊子集釋》，頁775。
〔註64〕郭慶藩輯：《莊子集釋》，頁24。
〔註65〕《莊子·駢拇》云：「臧與穀，二人相與牧羊而俱亡其羊。問臧奚事，則挾筴讀書；問穀奚事，則博塞以遊。二人者，事業不同，其於亡羊均也。伯夷死名於首陽之下，盜跖死利於東陵之上。二人者，所死不同，其於殘生傷性均也，奚必伯夷之是而盜跖之非乎！天下盡殉也。彼其所殉仁義也，則俗謂之君子；其所殉貨財也，則俗謂之小人。其殉一也，則有君子焉，有小人焉；若其殘生損性，則盜跖亦伯夷已，又惡取君子小人於其間哉！」郭慶藩：《莊子集釋》，323。
〔註66〕郭慶藩輯：《莊子集釋》，頁63。

莊子認為不行，因各家之說不過為「一曲之見」，僅得道之一隅，未見道之全貌，但各派的支持者接受了自家的學說，進而形成意識型態，各家間相互攻訐，故謂「道隱於小成，言隱於榮華。」此處將主體生命所可能面臨的困境分為三個層面，目的在於釐析莊子思想，但彼此間其實是交互影響，不可斷然切割。

莊子工夫論所欲對治的困境已明，雖然莊子、郭象、劉鳳苞三人逍遙的內容與判斷標準有所區別，但欲達逍遙境界皆非一蹴可及，必須透過工夫實踐，一步步提升主體的生命境界方有可能。而〈逍遙遊〉中，莊子便曾明白的表示：

> 且夫水之積也不厚，則其負大舟也無力。覆杯水於坳堂之上，則芥為之舟；置杯焉則膠，水淺而舟大也。風之積也不厚，則其負大翼也無力。〔註67〕（〈逍遙遊〉）

就形而下的現象界而言，若欲「負大舟」、「負大翼」，水與風之「積」必厚，否則「無力」；無力則舟膠鵬墜。若就形而上的生命境界而言，「大舟」、「大翼」為主體生命，若想使主體生命達至逍遙境界則必須有相應的工夫歷程，即水與風之「積」厚，故知此「積」字為工夫義。徐聖心釋此「積」字，云：

> 積，是人類經驗擴大的一種方式。若說「為學日益」，依常見的解釋，其意義對比於「為道日損」而被否定，則其「積」固是「以有涯隨无涯，殆已。」但「積」不可以別有意義嗎？……本文說「去以六月息者也」，六月海運風動，才能托此大翼；大翼既舉，又需直上九萬里而後飛行無礙。因此同階次之例，「而後」是積的敘述詞，而非對鵬飛境況的否定詞。不應視「積、而後」為有待、違於〈逍遙遊〉的「無待」主旨。〔註68〕

依其意，此「積」字不作儒家的「積學」解，因此義正為莊子極欲剗除者。「積」字應視作主體自覺地作工夫，不論「積水」或是「積風」，皆在論主體內在經由實踐工夫所成就的蘊含，不當視作外在的依恃，因此徐聖心以為「不應視『積、而後』為有待、違於〈逍遙遊〉的『無待』主旨」，故知莊子所展示的大鵬之境即為「無待」的逍遙境界。而莊子思想中，最主要的工夫即「心齋」與「坐忘」，以下茲針對二者作進一步的分析。

〔註67〕郭慶藩輯：《莊子集釋》，頁7。

〔註68〕參見徐聖心：《莊子「三言」的創用及其後設意義》（台北：台灣大學中國文學研究所博士論文，林麗真先生指導，1998年），頁57～58。

一、心齋

（一）莊子原旨

關於「心齋」之說，於「第三章本體論」中已對「无聽之以心而聽之以氣」的「氣」作了初步的分析，而此章節將以「工夫論」的角度對「心齋」作全面地分析。《莊子》云：

> 若一志，无聽之以耳而聽之以心，无聽之以心而聽之以氣！聽止於
> 耳，心止於符。氣也者，虛而待物者也。唯道集虛。虛者，心齋也。
> 〔註69〕（〈人間世〉）

整段可分解作三層理解：第一層為「无聽之以耳」、第二層為「无聽之以心」、第三層為「聽之以氣」。第一層中以「耳」應物時，此「耳」泛指人的「眼耳鼻舌」等感官，此類感官感性且被動，故易隨外物牽引而使個體生命流蕩。第二層中以「心」應物時，此「心」指「成心」而言，成心因有所知見故對萬物有所執取，一旦以此「成心」應物，則萬物的真相皆為成心蒙蔽而不顯。第三層中以「氣」應物，此「氣」表「生命最原始之狀態」，其性質為「虛而待物者」。但因莊子言「无聽之以心而聽之以氣」，使學者們質疑「心齋」究竟是落在「心」上說，亦或是「氣」上說呢？以下引述唐君毅與徐復觀二家之說，以明「心」、「氣」間的問題。唐君毅釋「心齋」云：

> 此心齋之旨，則要在虛心一志，至乎其極，使其心之宅，足以待物
> 而攝人，使人自止於其心之宅；而此心光之白，得自生於虛室。則
> 人與鬼神，皆將來心，而宅於心之舍。斯可以言化及人矣。……此
> 即謂心齋之功，唯在一其志，而盡其心之虛，至無心，而只有待物
> 之氣。實則此無心者，唯是無一般之心。由心齋之功，至於至虛，
> 只有氣以待物，仍是此心之事。〈德充符〉言「以其知，得其心；以
> 其心，得其常心」。其言由知以至心，以至常心，正與此篇所謂以耳
> 聽，以心聽，以氣聽三者相當。則心之虛，至於只以氣待物，即謂
> 只以此由心齋所見得之常心，以待物也。人不以一般耳目之知與一
> 般之心聽，而只以此虛而待物之氣或常心聽，即足以盡聽人之言，
> 而攝入之。是即不同於「聽之以耳者」，止於知其聲，亦不同於一般
> 「聽之以心」者，只求其心之意念，足與所聽者相符合；而是由心

〔註69〕郭慶藩輯：《莊子集釋》，頁147。

> 之虛，至於若無心，使所聽之言與其義，皆全部攝入於心氣之事也。
> 此時一己之心氣，唯是一虛，以容他人之言與其義，通過之、透過
> 之。今以此為待人接物之道，即道集於此虛；而所待所接之人物，
> 亦以此而全部集於此己之虛之中，故能達於真正之無人無己、忘人
> 忘己之境。〔註70〕

唐氏之說強調了「心齋」仍是此「心」之事，故須虛心一志，至乎其極，並以
「以其知，得其心；以其心，得其常心」比附「以耳聽、以心聽、以氣聽」。
其中特別分出《莊子》原文中的「心」、「氣」二者，以為「无聽之以心」的「心」
即是一般之心，乃是一般未經過修練的成心。然而「氣」，唐氏於說解時或言
「虛而待物之氣」，或謂「常心」，似有意將二者劃上等號，則此「常心」顯然
高於「一般之心」，乃是經由工夫所證成呈現一虛靈明覺之狀態。

而徐復觀釋「心齋」時，亦同意「心齋」仍是落於「心」上說。其云：

> 按所謂無聽之以耳，是不讓外物停在耳（目）那裏辨別聲（色）的
> 美惡。聽之以氣，即下文之所謂「徇（順）耳目內通，而外於心知」，
> 即是讓外物純客觀地進來，純客觀地出去，而不加一點主觀上地心
> 知的判斷。「聽止於耳」，俞樾以為當作「耳止於聽」者近是，即是
> 耳僅止於聽，而不加美惡分別之意。心止於符（應，與外物相應），
> 也是同樣的意思。從上面所引的材料看來，莊子似乎是反心知而守
> 氣，使人成為一純生理地存在。但這與〈天下篇〉他批評慎到的「至
> 於若無知之物而已，無用聖賢。夫塊不失道。豪傑相與笑之曰，慎
> 到之道，非生人之行，而至死人之理」的情形，有什麼分別？真的，
> 有人因此便以為〈齊物論〉是出於慎到。但如前所說，莊子既將形
> 與德對立，以顯德之不同於形；則他所追求的必是一種精神生活，
> 而不是塊然地生理生活。若此一看法為不錯，則他所追求的精神生
> 活，不能在人的氣上落腳，而依然要落在人的心上。因為氣即是生
> 理作用；在氣上開闢不出精神的境界；只有在人的心上才有此可能。
> 既須落在人的心上，則他不能一往反知，而必須承認某種性質的知。
> 就我的了解說，他的確是如此。並且他在上面所說的氣，實際只是
> 心的某種狀態的比擬之詞，與老子所說的純生理之氣不同。這便是

〔註70〕 唐君毅：《中國哲學原論·原道篇式》（台北：台灣學生書局，2004.10 三刷），
　　　　 頁 369～370。

他和慎到表面相同，而根本不同之所在。所以在前面所引的〈人間世〉「氣也者，虛而待物者也」一句的下面，便接著說，「惟道集虛；虛者；心齋也」。虛還是落在心上，而不能落在氣上。〔註71〕

徐復觀藉由莊子「形、德」對立的主張，判定莊子所欲追求者為精神生活，而非生理生活，故知「心齋」必是落於「心」上說，方可開出精神境界。若「心齋」落於「氣」上說，則為一純粹地生理境界，是無法開出精神境界。最後，並論曰「他在上面所說的氣，實際只是心的某種狀態的比擬之詞，與老子所說的純生理之氣不同」，所謂「心的某種狀態的比擬之詞」，即在表示以「氣」來比擬常心的虛靈明覺之狀，其本身並不具有獨立的意義。因此，「心齋」之說自然是與〈天下篇〉中評論慎到之說「非生人之行，而至死人之理」之旨迴異。而其於《中國藝術精神》一書中論及「心齋」時，又云：

> 所謂心齋。心齋，是忘知的心的狀態。而如前所說，他的忘知，乃是解消掉分解性之知，以使心只有知覺的作用。他說：「耳止於聽」，是說耳僅作聽的知覺；「心止於符」，是說心僅作與聽的知覺相應的知覺。又說：「徇耳目內通」，是說只順著耳目的感性知覺以內通於心，而不作分析地、論理地活動的意思。他說：「無聽之以心，而聽之以氣」，此處之心，是指分解之知的主體；此處之氣，是對心齋的一種比擬的說法。心齋只有「待物」的知覺活動，而沒有主動地去作分解性、概念性的活動，所以他便以氣作比擬。心從實用與分解之知中解放出來，而僅有知覺的直觀活動，這即是虛與靜的心齋，即是離形去知的坐忘。此孤立化、專一化的知覺，正是美地觀照得以成立的重要條件。〔註72〕

在此段引文中，徐氏首先強調了「心齋，是忘知的心的狀態」，仍舊延續上段中「心齋」是落於心上說之主張，而此「心」是呈現「忘知」的狀態。所謂「忘知」，並非欲人忘卻知覺，乃是在強調「解消掉分解性之知，以使心只有知覺的作用」，即前所謂「作用的保存」之意。一旦「知」具有分解性便會對外物有所偏執，故必忘此分解性之知，使心僅具「知覺」之用。其次，徐氏亦區分了《莊子》原文中的「心」、「氣」二者，以為「無聽之以心」的「心」是「分

〔註71〕徐復觀：《中國人性論史·先秦篇》（台北：台灣商務印書館，2003.10 第十三次印刷），頁 381～382。

〔註72〕徐復觀：《中國藝術精神》，（台北：台灣學生書局，1966.2 初版），頁 74～75。

解之知的主體」，或可謂之作「成心」，會主動地對外物作分解，故不可以此應物，否則不見事物之全貌。至於「氣」，是「對心齋的一種比擬的說法」，即以「氣」來比擬在「心齋」工夫下忘知的心之狀態，僅具「待物」的知覺活動，而不主動地去作分解性、概念性的活動。

此外，陳鼓應釋「心齋」時，亦云：

> 所謂「心齋」乃是「養心」、「養氣」之法。莊子說：「氣也者，虛而待物者也。唯道集虛，虛者，心齋也。」「虛而待物者」，指心境而言——空明之心，乃能涵容萬物。心和氣並非截然不同的兩種東西，心靈透過修養活動而達到空明靈覺的境地稱為氣。換言之，氣就是高度修養境界的空靈明覺之心。總之，莊子的「心齋」，乃是培養一種具有靈妙作用的心之機能，它可以完成個人高超的修養境界，卻不足以產生一種普遍有效用而來消解人間糾紛的方法。以「心齋」用之於應付暴虐的統治階層，實在是「不得已」的法度罷！〔註73〕

陳鼓應以為「心齋」即是「養心」與「養氣」之法，對於「心」、「氣」間之關係，以為「氣就是高度修養境界的空靈明覺之心」，對比於徐復觀「此處之氣，是對心齋的一種比擬的說法」的主張，二者頗為相似，唯陳氏直接將「心」喻作「氣」，而徐氏則以為「氣」是用以比擬「心齋」之境。故知「心、氣」二者並非截然不同的二物。又其於〈道家在先秦哲學史上的主幹地位〉一文中復云：

> 「心齋」（〈人間世〉）與「坐忘」（〈大宗師〉）是莊子心學中最為稱著的兩種精神修養境界。「心齋」是一種養心、養氣的方法，首先要「心志專一」（「若一志」），……「心齋」最後說到養氣：「無聽之以心，而聽之以氣……氣也者，虛而待物者也。」「虛而待物」的「虛」，即喻指心達於空明之境。……而這裏所說的「氣」則為流動的生機，在「心」的上位；莊子將心靈活動達于極其純靜的境地，稱為「氣」。事實上，「氣」即是高度修養境界的空明靈覺之心。這種心境所持著的純和之氣（〈達生〉篇：「純氣之守」）正是藝術心靈所涵含的「氣韻生動」的創作精神狀態。……「心齋」著重在描述培養一個最具靈妙作用的心之機能。〔註74〕

〔註73〕陳鼓應：《老莊新論》（台北：五南圖書出版股份有限公司，2007.2 三版），頁174。

〔註74〕陳鼓應〈道家在先秦哲學史上的主幹地位〉《道家文化研究》第十輯（台北：文史哲出版社，200.8），頁 33～34。

陳鼓應於此復云：「莊子將心靈活動達于極其純靜的境地，稱為『氣』、『氣』即是高度修養境界的空明靈覺之心」，其意仍不脫上段所言。然其云：「『氣』則為流動的生機，在『心』的上位」，似以為「氣」高於「心」。然究其意，所謂「在『心』的上位」的「心」，應是指一般未經工夫修養的成心而言，一旦經過工夫修證之後，此虛靈明覺的常心，應與「氣」具有同等之高度而無分軒輊才是。

1.「無聽之以耳」：此「耳」作人「生理感官」解，為人與外物接觸時最先憑藉之媒介。但「生理感官」易流於對聲、色、味追求所產生的「嗜欲」，因此主張「無聽之以耳」，然此「無」並非於「存有層」上否定生理感官，而是「作用的保存」，目的在於心齋的工夫下真實地呈現出生理感官的意義。

2.「無聽之以心」：此「心」是就人偏執的「成心」解，人一旦有偏執的成心，則「知見」必然對外物有所偏見而不能如實地應物，因此主張「無聽之以心」，然此「無」亦非於「存有層」上否定心知，而是「作用的保存」，目的在於心齋的工夫下真實地呈現出心知的意義。

3.「聽之以氣」：此「氣」表「生命最原始之狀態」，或可謂「對心齋的一種比擬的說法」、「心靈透過修養活動而達到空明靈覺的境地稱為氣」、「高度修養境界的空明靈覺之心」，甚而可稱之為「常心」，旨在表達主體與客體接觸時，以虛靈明覺之常心相應，則能應物而不傷也。

牟宗三以為「心齋」實隱含了道家的無執的存有論。其言云：

> 道家並未首先以緣生觀萬物。病都在主觀方面的造作，造作即不自然。造作底根源在心，故一切工夫都在心上作。這工夫即是「致虛守靜」底工夫。……在虛靜中，觀復以歸根，復命，知常，即是明照萬物之各在其自己也。「萬物並作」是有。順其「並作」而牽引下去便是膠著之現象，此為現象的有。「觀復」即是不牽引下去，因而無執無著，故能明照萬物之各在其自己也。……「損」即是「致虛極」也。此是「為道」之方向，於此而有「無執的存有論」，此繫於無，明，至人，真人，乃至天人等等而言也。「為學日益」則又是另一方向，此即順緣生而執著之經驗知識，亦即「化而欲作」而不知歸返以後之事也。於此，吾人有「執的存有論」，有全部現象界，有種種定相，此則繫於有，無明，成心（莊子），情識，知性，等等而言也。老子於此方面，詞語簡略，然「為學日益」這一語即函這一

切。至莊子而有「成心」之語；由成心而有是非，有競辯，有各種相封的執著。〔註75〕

據牟氏之說，老子與莊子所申說的存有論有二面：「執的存有論」、「無執的存有論」。所謂「執的存有論」，乃是藉由耳目感官、名言概念之偏執面對天地萬物，故莊子論述時採「寓言、重言、巵言」，即在避免因名言概念之偏執所傳導出的錯誤想法。而人若將耳目感官、名言概念所執定的世界，視作唯一的真實世界，則會造成人生命根本的顛倒與無明。至於「無執的存有論」，即在化除人對耳目感官、名言概念的執定，瞭解耳目感官及名言概念之使用，不過為一種「媒介」、「工具」，雖不能也不可取消此「媒介」、「工具」，但卻可尋求一種更好的表現方式，即於「心齋」的工夫下更好地表現耳目感官及名言概念。而此正為莊子以至於道家學說中最具價值意義的一環。

（二）劉鳳苞的詮釋

對於「心齋」工夫，劉鳳苞以為乃是就「思想而言」，其云：

齋則齊其思慮之不齊，人也而游於廣漠之天矣。〔註76〕（〈人間世〉）

「顏回見仲尼，請行」的寓言中，仲尼回應顏回該如何輔佐衛君，而提出「心齋」之法，而劉鳳苞以為此在齊其思慮之不齊，即泯平人我間的主觀價值意識。人世間的紛爭，多起於彼此間的價值衝突，小則口舌之爭，大則國與國間相互攻伐，以至危生喪命。但若能泯平人我間的價值觀，則相安無事，如遊於「廣漠之天」，即遊於逍遙之境。而該如何能「齊其思慮之不齊」呢？其注云：

無用形。〔註77〕（「无聽之以耳」句下注）

并無用心。〔註78〕（「无聽之以心」句下注）

聽以心已屬微妙，聽以氣更屬微乎其微。〔註79〕（「而聽之以氣」句下注）

不過聰聽而止。〔註80〕（「聽止於耳」句下注）

〔註75〕牟宗三：《現象與物自身》（台北：台灣學生書局，2004.9 七刷），頁 430～435。
〔註76〕劉鳳苞撰，方勇點校：《南華雪心編》，頁 91。
〔註77〕劉鳳苞撰，方勇點校：《南華雪心編》，頁 87。
〔註78〕劉鳳苞撰，方勇點校：《南華雪心編》，頁 87。
〔註79〕劉鳳苞撰，方勇點校：《南華雪心編》，頁 87。
〔註80〕劉鳳苞撰，方勇點校：《南華雪心編》，頁 87。

心與理合謂之符，然而不能無心也。〔註81〕（「心止於符」句下注）

氣運於虛，渾合無間。〔註82〕（「氣也者，虛而待物者也」句下注）

依其注文，將心齋分為三個層次：第一層「無用形」，因其「不過聰聽而止」。即不要以外在形軀接物，因其接物時僅止於外在感官，並未內通於心。第二層「并無用心」，因其「不能無心」。即以心接物時，「雖能使耳目內通於心」，但仍有「心」之迹，故不能以心接物。第三層「聽以氣」，因「氣運於虛，渾合無間」。強調了以「氣」接物，因氣處於虛，故能物我渾合而無間，彼此相安。而對於「心齋」中第二、三層的說明，劉鳳苞明顯有別於莊子原意，其於此段後點評曰：

無聽以耳聽以心，已為道之妙境；無聽以心聽以氣，更為道之化境。

〔註83〕（〈人間世〉）

徇耳目則使之內通，是即無聽以耳，聽以心之靈境也；外心知則屏

除意見，是即無聽以心，聽以氣之化境也。〔註84〕（〈人間世〉）

依注文說明，這二個層次差別甚微。劉鳳苞之意，此二層皆已達「道境」，其差別僅在於一為「妙境」，一為「化境」，因而自謂「聽以心已微妙，聽以氣更屬微乎其微」，故言此二層差別甚微。

而此二層差別何在？依其注文云：「然而不能無心也」，知其差別在於是否能「無心」。第二層中，「心」能合於「理」，但不能「無心」，仍有心之迹，但此已入道境，故謂之妙境；而若能「無心」，將心之迹一起化入渾淪道境，則為化境。此外，莊子原用「徇耳目內通於外於心知」一文說明「聽之以氣」的境界。然劉鳳苞卻將此句拆解成二部分：「徇耳目使之內通」為「聽之以心」；「外心知則屏除意見」為「聽之以氣」。由此可知，劉鳳苞將莊子「心齋」工夫歷程的三個層次視為主體應物的過程：首先，以外在感官應物，但不能止於此；接著使外物徇外在感官內通於心，此已臻道之妙境，但仍有心之迹；最後將心之迹一併化除，以氣應物，氣為虛則能不以主觀價值加諸於人，此為道之化境。雖其為一段連續的工夫過程，但並非人人皆能順此過程步步邁進，積厚不足者自當止於某一過程上。其中最引人注意的，即是「心」與「氣」的定義

〔註81〕劉鳳苞撰，方勇點校：《南華雪心編》，頁87。
〔註82〕劉鳳苞撰，方勇點校：《南華雪心編》，頁87。
〔註83〕劉鳳苞撰，方勇點校：《南華雪心編》，頁91。
〔註84〕劉鳳苞撰，方勇點校：《南華雪心編》，頁92。

了。依前小節中對「心」、「氣」的分析，前輩學者大抵以「成心」釋「心」，為負面義；以「常心」釋「氣」，而「氣」乃「常心」狀態的比擬。

但依劉鳳苞的注文，「心」顯然不是「負面義」，否則「聽以心」如何能進入「道之妙境」呢？關於「成心」，劉鳳苞注云：

> 成心，謂成其天然之妙用，不假作為，即真君所在也。人人皆有真宰，則人人能自得師，所以付之而各當。〔註85〕（「夫隨其成心而師之，誰獨且无師乎」句下注）

「成心」於《莊子》書中與「道心」相對，為工夫所欲對治者。但劉鳳苞將其釋作「成其天然之妙用，不假作為」，反轉而為正面義，甚而以為成心是人內在的真君、真宰，人人依其內在之真宰，付之自當。劉鳳苞刊落了莊子成心之貶義，恐流於與世俗妥協。但若依「成其天然之妙用」的內涵說明「聽之以心」的「心」，當主體成心應物時，肯認人人皆有其真君，故不假人為，一切順任自然，付之自當，故為「道之妙境」，但主體仍在「成心」，因而未能臻虛空的狀態。

而關於「氣」，莊子指為「常心」，乃生命最原始之狀態，是對心齋的比擬說法。然劉鳳苞卻謂「氣運於虛，渾合無間」，顯然此氣不是一個比擬說法，而真有一氣能「運於虛」，其且能渾合物成。此外，其於「唯道集虛」下注云：

> 氣妙於無形，獨往獨來，與太虛同體；不距不迎，與萬物俱適。〔註86〕（「唯道集虛」句下注）

此處說明「聽之以氣」的氣為無形，獨來獨往並與太虛同體，又能運於虛且渾合無間。合此特質，此處之氣應為宇宙論中的「元氣」，而元氣具道之特質，且能徹上徹下通於道、物之間，故主體以此元氣接物，自然是不距不迎，與物俱通。而就主體生命而言，此元氣乃集於「虛」，為一空靈的狀態。其注云：

> 道集於虛，仍還其未始有物之初，而眾美從之。將「虛」字點破「心齋」，真為透徹。〔註87〕（「虛者，心齋也」句下注）

當元氣集於主體生命之虛處，即回歸到生命最原始的狀態。最後，劉鳳苞以「虛」字點明心齋之旨，於化境之下，道透過元氣集於主體生命之虛，呈現空靈之狀，此即為「心齋」。

合觀莊子與劉鳳苞對「心齋」的說明，明顯二人有所區別。

〔註85〕劉鳳苞撰，方勇點校：《南華雪心編》，頁31。
〔註86〕劉鳳苞撰，方勇點校：《南華雪心編》，頁87。
〔註87〕劉鳳苞撰，方勇點校：《南華雪心編》，頁87～88。

　　首先，莊子將聽之以「耳、心、氣」視為三種不同生命境界，又此三種境界的區別，則與工夫實踐相應。然劉鳳苞則將聽之以「耳、心、氣」視為主體接物的連續過程，但工夫實踐不足者，自然無法到達「聽以氣」的部份。

　　其次，莊子將「心」釋作負面義的「成心」，「氣」釋為「常心」，狀態的比擬詞，因而「聽以氣」的境界高於「聽以心」的境界。然劉鳳苞將「心」釋作正面義的「成心」，亦為「真宰」，而「氣」為徹上徹下的「元氣」。而「聽以心」與「聽以氣」的差別，僅在於是否能「無心」，若能「無心」，即進入道之化境。

　　劉鳳苞突出了「元氣」於心齋中的作用，而能「虛」更是心齋的要旨。就人而言，處虛時便能「忘己」，其云：

> 未始有回，忘乎己，即能忘乎人，惟虛乃有此悟境也。〔註88〕（〈人間世〉）

所謂「忘乎己」，即在能剝落人主觀價值，「忘乎人」，即在能剝落他人主觀價值對自身的影響，彼此相忘，處於虛之悟境。就應世而言，處虛時便能不為物所乘，其云：

> 「入遊其樊而無感其名」，是遊於無有、返虛入渾境界，為萬物所託而不為萬物所乘。〔註89〕（〈人間世〉）

「無有」與「渾」乃就著道境而言；言「虛」則就主體生命而言。當主體實踐工夫達虛的狀態時，元氣則集於此，而元氣徹上徹下，通於道、物之間，於此化境下，虛境即渾淪、無有之道境，以化境應物，萬物各遂其生，主體物物而不為物累，故言「為萬物所託而不為萬物所乘」。而後云「闚者門隙透光之處，室虛生白，即無知而知真境；吉祥乃至善之所棲，止者集虛之義，心到至虛時，性光發見，妙境紛來，立乎不測，而遊於無有，以之處世，何危之有？」〔註90〕亦在重申「虛」之妙用。

二、坐忘

（一）莊子原旨

　　關於「坐忘」之說，莊子同樣是由「仲尼與顏回師徒」的寓言中表達，不

〔註88〕劉鳳苞撰，方勇點校：《南華雪心編》，頁91。
〔註89〕劉鳳苞撰，方勇點校：《南華雪心編》，頁91。
〔註90〕劉鳳苞撰，方勇點校：《南華雪心編》，頁92。

過在此卻改藉由顏回之口托出，以下先引出相關原文。

> 顏回曰：「回益矣。」仲尼曰：「何謂也？」曰：「回忘仁義矣。」曰：
> 「可矣，猶未也。」他日，復見，曰：「回益矣。」曰：「何謂也？」
> 曰：「回忘禮樂矣。」曰：「可矣，猶未也。」他日，復見，曰：「回
> 益矣。」曰：「何謂也？」曰：「回坐忘矣。」仲尼蹴然曰：「何謂坐
> 忘？」顏回曰：「墮肢體，黜聰明，離形去知，同於大通，此謂坐忘。」
> 仲尼曰：「同則无好也，化則无常也。而果其賢乎！丘也請從而後也。」
> 〔註91〕（〈大宗師〉）

由本段章句看來，「坐忘」有著明顯的工夫層次推進：

忘仁義→忘禮樂→墮肢體，黜聰明，離形去知，同於大通

就第一層「忘仁義」、第二層「忘禮樂」，可視為對儒家義理的批判。徐復觀云：

> 仁義若非出於實踐中的自覺，而僅把它當作道德的教條來看，則總
> 以為它僅是人與人相關涉時才發生的東西，與自己的性分距離得比
> 較遠；道家，法家，乃至荀子，及西方的經驗主義者，都是這種態
> 度。禮樂則直接關涉到各人的生活；但在莊子的立場，這些都是「侈
> 於德」，「侈於性」〈駢拇〉的。所以先忘仁義，次忘禮樂。莊子所指
> 的仁義禮樂，皆是落在人的形器拘限以內的作為成就，其效用皆有
> 所待。〔註92〕

「坐忘」的工夫中，莊子首先反對儒家的仁義說，以為聖人自可由實踐中體覺
仁義，然一般人無法由實踐中體覺仁義，則會視「仁義禮樂」為道德教條，並
無內在心性的根據，僅用以框限人外在的行為。若將「仁義」、「禮樂」的意涵
往前推進一步，則成為人所處的「外在價值觀」與「外在生活規範」，而「忘」
字，即是欲以此為基礎，向上超越、擺脫對「外在價值觀」的執定與超拔於「外
在生活規範」之上。此即是前所謂「作用的保存」，目的是於「坐忘」的工夫
下更好地表現「外在價值觀」與「外在生活規範」。故知此「忘」字實含有工
夫義，而所忘者，皆為外在環境對主體所設之封限。

第三層的工夫為「坐忘」之精髓。所謂「墮肢體，黜聰明，離形去知，同
於大通」，「墮肢體」即是「離形」、「黜聰明」即是「去知」，能夠「離形去知」，
最後便可「同於大通」。此同於「心齋」中之「無聽之以耳」、「無聽之以心」，

〔註91〕郭慶藩輯：《莊子集釋》，頁 282～285。
〔註92〕徐復觀：《中國人性論史・先秦篇》，頁 399。

乃有意否定掉人外在的形骸與心知。此外，「離形去知」後的「同於大通」境界，又是個怎樣的境界呢？關於此問題，徐復觀云：

> 而莊子的「離形」，也和老子之所謂無欲一樣，並不是根本否定欲望，而是不讓欲望得到知識的推波助瀾，以至於溢出於各自性分之外。在性分之內的欲望，莊子即視為性分之自身，同樣加以承認的。所以在坐忘的意境中，以「忘知」最為樞要。忘知，是忘掉分解性的、概念性的知識活動；剩下的便是虛而待物的，亦即是徇耳目內通的純知覺活動。這種純知覺活動，即是美地觀照。〔註93〕

依徐氏之說，「離形」，僅是「不讓欲望得到知識的推波助瀾，以至於溢出於各自性分之外」，並非否定個人欲望。易言之，即是不使人的形軀與心知結合產生「嗜欲」，競逐外物，並超絕於形骸之上，不使形骸反役使人的主體。接著再進一步肯定「忘知」於「坐忘」工夫中扮演著樞要之地位，所謂「忘知」是在使心知不作分解性、概念性的知識活動，即不對萬物作主觀的價值評價，如此便能夠虛而待物，應物不傷〔註94〕。易言之，「離形去知」的「離」、「去」，亦同解作「作用的保存」是也。

此外徐復觀復云：

> 及至「墮枝體，黜聰明，離形去知」，突破了自己形器之所束限，以上昇到自己的德、性、心的原有位置，則「同於大通」。〈齊物論〉謂「恢恑憰怪，道通為一」；所以「大通」指的即是道；「同於大通」，即是同於道。因為如前所述，德、性，即客觀之道的內在化。「形」、「知」，即是一般人之所謂「己」，所謂「我」；離形去知，即是無己、喪我。無己的境界，即是同於道的境界。作為萬物根源的道，只是「一」，只是「同」，只是一切平等，所以說「同則無好也」。無好，即對萬物不干預以主觀的好惡，而一任萬物之自然，即是乘天地之正。道的本身即是化，不化便不能生萬物。此處之「常」，乃執滯之義，與莊子所說的「常心」的「常」不同。同於道，即同於化，所以說「化則無常也」；無常，即是御六氣之辯。坐忘、無己的精神生活。

〔註93〕徐復觀：《中國藝術精神》，頁73。

〔註94〕陳鼓應云：「『墮肢體』和『離形』是同義的，說的並不是拋棄形體，而是超脫形體的極限，消解由生理所激起的貪欲。『黜聰明』和『去知』同義，意指擯棄由心智作用所產生的偽詐。貪欲和智巧都足以擾亂心靈，揚棄它們，才能使心靈從糾結桎梏中解放出來。」陳鼓應：《老莊新論》，頁194。

並不是反仁義禮樂的生活，而是超世俗之所謂仁義禮樂，即所謂「大仁」「大義」的生活。〔註95〕

就其所論，可歸結出三個重點：1.「離形去知」意在「突破了自己形器之所束限，以上昇到自己的德、性、心的原有位置」。2.「同於大通」中，「大通」即是「道」，故「同於大通」即是「同於道」。3.「坐忘」工夫所達至者是為精神境界。就此三點可知，「離形去知」與前所言「忘仁義」、「忘禮樂」，皆是「作用的保存」，非由本質上否定「仁義」、「禮樂」、「形」、「知」，乃欲於「坐忘」的工夫下更好地表現「仁義」、「禮樂」、「形」、「知」。而在「離形去知」之後，莊子謂「同於大通」，其境界即是「道」的境界。最後，既以為「坐忘」工夫所達至者是為精神境界，則知「坐忘」應仍是就「心」上作工夫。在臻達「坐忘」工夫後，其心虛靈明覺，能夠坦然應物〔註96〕。

對「坐忘」工夫之分析大抵完成，最後仍須強調者在於「忘仁義→忘禮樂→墮肢體，黜聰明，離形去知，同於大通」的工夫歷程，是具有不可逆的性質，必循「仁義」、「禮樂」、「肢體」、「聰明」之順序始可完成「坐忘」的工夫。其理由在於愈是接近人具體生活者愈難改變，故肢體與聰明置於此工夫的末端。

（二）劉鳳苞的詮釋

劉鳳苞對「坐忘」的點評，除展現其個人的獨見，亦涉及了其對儒家仁義禮樂的態度，其云：

> 《南華》一書全在無聲無臭、迹象兩忘處見其神化，頗異於聖門宗旨專從實處致力，馴至窮神達化之功。不善領會者易墮於空虛，然卻與聖賢義理無悖。但聖賢立言多屬人事一邊說，南華立言多屬天事一邊說，究竟階於人而至於天，旨趣固兩相符合也。〔註97〕（〈大宗師〉）

依其注文，莊子之說屬「天事」，於無聲無息、迹象兩忘處見其神化；儒家之

〔註95〕徐復觀：《中國人性論史・先秦篇》，頁399。

〔註96〕陳鼓應云：「『離形』和『去知』是達到『坐忘』的兩道內省功夫。只有做到了『坐忘』，心靈才能開敞無礙，無所繫蔽；才能從一個形軀的我，一個智巧的我，提升出來，從個體小我通向廣大的外境，實現宇宙大我；才能臻至大通的境界，『同於大通』；才能和通萬物而無偏私，參與大化之流而不偏執──『同則無好也，化則無常也』。這便是大通境界的寫照。」陳鼓應：《老莊新論》，頁194。

〔註97〕劉鳳苞撰，方勇點校：《南華雪心編》，頁184。

說則屬「人事」，於實處致力，馴至窮神達化之功。雖然二者立論的角度及特色不同，但其皆「階於人而至於天」，旨趣相符。此外，劉鳳苞於〈徐無鬼〉、〈在宥〉中云：

> 辯至儒墨，天下皆奉以美名，至人轉視為凶德，斷定他惑世誣民，痛切言之，筆力橫絕，與孟子闢邪說而比於洪水猛獸同一衛道之功。〔註98〕（〈徐無鬼〉）

> 其禍之流為盜跖，人所易知：其禍之變為曾、史，人所難知。莊子一例並提，猶距楊墨者比之於洪水猛獸也，詞意迫切，與子輿氏同一維持絕學之功。〔註99〕（〈在宥〉）

由上二則注文可知，劉鳳苞以為莊子與孟子闢邪說的立場一致，僅是方法不同。合上引三則注文，大抵可知於劉鳳苞思想中，儒道二家之義理相通，一同衛道，僅是立論的角度及特色不同。而其亦秉持著這個概念注解《莊子》，然《莊子》中屢屢批判孔子及其道德仁義之學，此時劉鳳苞又該如何於不失莊子原意下調和二家之說呢？底下將藉由其注解「坐忘」，以明其方式。莊子「坐忘」的工夫進路為：

忘仁義→忘禮樂→墮肢體，黜聰明，離形去知，同於大通

而劉鳳苞對於「忘仁義」、「忘禮樂」的點評為：

> 仁義驗之於性功，顏回本在三月不違上用功，忘仁義則不獨化仁義之迹，并其不違之意境而忘之；禮樂形之於履蹈，顏回本在克己復禮上用功，忘禮樂則不獨化禮樂之迹，并其克復之功能而忘之。即此已是化不可為境界。〔註100〕（〈大宗師〉）

其以為「忘仁義」的要點，除了要化其仁義之迹，連同三月不違之意一併忘之；「忘禮樂」的要點，除了要化禮樂之迹，連同克己復禮之功能一併忘之。故知工夫重點在「忘」字，忘為工夫義，而能忘仁義、忘禮樂，已是「化不可為境界」。接著又云：

> 坐忘者萬象俱忘，渾然無我，全是從仁義禮樂入手，有一番刻苦工夫用在前面，漸漸融化入微，方能到此地步。否則坐禪入定，皆屬人己兩忘，於此等處有何關涉？〔註101〕（〈大宗師〉）

〔註98〕劉鳳苞撰，方勇點校：《南華雪心編》，頁619。
〔註99〕劉鳳苞撰，方勇點校：《南華雪心編》，頁247～248。
〔註100〕劉鳳苞撰，方勇點校：《南華雪心編》，頁184。
〔註101〕劉鳳苞撰，方勇點校：《南華雪心編》，頁184。

承上段中忘之工夫義，坐忘者乃萬象俱忘，進入渾然無我之境。而能夠進入渾然無我之境，全由仁義禮樂入手，有一番刻苦工夫用在前面。依此意，心齋的工夫似先需用心於實踐仁義禮樂，接著「漸漸融化入微」，此意似將仁義禮樂內化於主體生命中而能從心所欲而不逾矩。其於〈山木〉「建德之國」段後點評，曰：「此種境界，與民相忘，各率其真，從心而不踰其矩，惟道集虛，與之相輔而行。」〔註102〕（〈山木〉「遊於無人之野」）其中援引孔子「七十而從心所欲、不踰矩」以形容建德之國君民相忘，各率其真的境界，已然滲入儒家道德仁義之說。而此言「漸漸融化入微」亦滲入儒家仁義之說，故知劉鳳苞「忘仁義」、「忘禮樂」之「忘」字雖具工夫義，但已別於莊子之「忘」。莊子的「忘」乃向上超越、超拔，忘掉外在價值觀及生活規範，然此「忘」並非於實有層上否定一切，而是作用層上的修為，以期能以「自然」的方式表現仁義道德，此即「作用的保存」。但劉鳳苞之「忘」，乃是於仁義道德上作實踐工夫，而漸漸地將其內化於主體生命中，或可謂人於實踐中體覺仁義，接著化「仁義」、「禮樂」之迹，最後連同用心處一併化除。而此雖亦可言「忘」，但其成就的是一個「道德主體」，已與莊子超拔於仁義禮樂上之意不同。

劉鳳苞對於「心齋」的第二層，點評曰：

> 墮枝體，黜聰明，外忘其形骸，內屏其神知，即視聽言動，而守之以歸於一，化之以復其天，非別有所謂坐忘，空洞無物也。同於大通，徹上徹下，徹始徹終，皆元氣渾淪氣象。雖有形而與無形者俱化，雖無形而與有形者相通，方是坐忘本領。〔註103〕（〈大宗師〉）

依其之意，第三層中對外必須忘其形軀之限，對內則要屏除主觀價值，而讓主體的所有行為皆能守其虛而「歸於一」，即「歸於道」，使內外俱化而「復其天」，即回復其本然的狀態。而主體生命進入「坐忘」境界時便能「同於大通」，即「同於道」。而劉鳳苞以「徹上徹下，徹始徹終，皆元氣渾淪現象」形容道境，突出了「元氣」於工夫中的作用，且於此化境中，物我之間相通無間。

透過「坐忘」所達之境與「心齋」相同，最後主體生命透過元氣徹上徹下，化於渾淪道境之中。而劉鳳苞注解這二種工夫時，皆強化了「元氣」於其中的作用，唯在「心齋」處偏重「虛」字，「坐忘」處偏重「忘」字。

〔註102〕劉鳳苞撰，方勇點校：《南華雪心編》，頁454。
〔註103〕劉鳳苞撰，方勇點校：《南華雪心編》，頁184～185。

三、攖寧

（一）莊子原旨

《莊子·大宗師》中南伯子葵與女偊論即「聖人之道」與「聖人之才」時，女偊云：

> 吾猶守而告之，參日而後能外天下；已外天下矣，吾又守之，七日
> 而後能外物；已外物矣，吾又守之，九日而後能外生；已外生矣，
> 而後能朝徹；朝徹，而後能見獨；見獨，而後能无古今；无古今，
> 而後能入於不死不生。殺生者不死，生生者不生。其為物，無不將
> 也，無不迎也；無不毀也，無不成也。其名為攖寧。攖寧也者，攖
> 而後成者也。〔註104〕（〈大宗師〉）

由女偊所言，可知成聖的工夫進路為：

外天下→外物→外生→朝徹→見獨→无古今→不死不生〔註105〕

工夫進路的前三段，一連使用了三次「外」字，由負面立論。而「外」字依徐復觀之意，「外」字是「忘」意，將具體物相互間的分別相，乃至存在相忘掉〔註106〕。莊子所欲人忘者，分別為「天下」、「物」、「生」，「天下」表示「外在價值」，「物」表示「外在的議論、規範」，「生」表示「生理器官」〔註107〕。對比於「坐忘」中所列之工夫進路：「外天下」即是「忘仁義」；「外物」即是「忘禮樂」；「外生」即是「墮肢體」、「離形」。王邦雄云：

> 此一精神修養生命鍛鍊的歷程，由外天下、外物、外生的逐層剝落，
> 斬斷天下萬物的外緣，消解世俗功名的束縛，並超離形軀官能的負
> 累，人的生命已由有待轉為無待。也就是在離形去知，無功無名之
> 後，人的真君獨體才能凸顯，而有如朝陽初啟，遍照一切，朗現萬

〔註104〕 郭慶藩輯：《莊子集釋》，頁252～253。

〔註105〕 封思毅：《莊子詮言》（台北：台灣商務印書館，1997.5二版），頁33～37。

〔註106〕 徐復觀云：「在現實生活中，無一不互相對立，互相牽連，互相困擾，這如何能『獨』？於是莊子提出『忘』的觀念、『化』的觀念，以說明由虛靜之心所達到的效驗；在忘與化的效驗之上，自然能獨，亦自然能得到絕對的自由。……上文中的『外』，也是忘的意思。『忘』是把具體物相互間的分別相，乃至存在相忘掉。」《中國人性論史·先秦篇》，頁391～392。此外，郭象注云：「外，猶遺也。」成玄英疏云：「外，遺忘也。」郭慶藩輯：《莊子集釋》，頁253。

〔註107〕 徐復觀云：「而所謂『忘己』，亦即前面所說的外生，乃是把所謂存在相也忘掉了。物因『己』而顯，忘己即同時忘物。忘己忘物，乃能從形器界各種牽連中超脫上去而無所待，而能見獨。」《中國人性論史·先秦篇》，頁392。

有，當下即是「天地與我並生，萬物與我為一」，已超越時空，無復
有古今之別，而入於與天道同體流行的不死不生之境。〔註 108〕

王氏以為藉由「外天下、外物、外生」的逐層剝落有待，遂能進入無待的境界，
此時人的真君獨體便能進入「朝徹」之境界。所謂「朝徹」，指人清晨初醒時，
精神處於虛靈之狀態。接著便能「見獨」，「見獨」即能體會道體的絕對性，緊
接著便能「无古今」，超越時間之限制，最後「入於不死不生」，即超越生死，
不以死生掛心。人入於此境界時，對外物能「無不將也，無不迎也；無不毀也，
無不成也」。莊子將此境界名之為「攖寧」，即心能隨物而化，然外化而內不化，
如此便能不傷物，亦能不以物傷性，常保內在心境之平和〔註 109〕。

（二）劉鳳苞的詮釋

關於「攖寧」中的修道工夫歷程，其注云：

> 天下一而已矣，此忘世。〔註 110〕（「參日而後能外天下」）
>
> 物我一而已矣，此忘物。從天下漸說到近切處。〔註 111〕（「七日而
> 後能外物」）
>
> 生死一而已矣，此忘我。三者俱冥，所謂遊於無有也。〔註 112〕（「九
> 日而後能外生」）
>
> 獨即一也。見獨即見大宗師矣。〔註 113〕（「朝徹，而後能見獨」）
>
> 古今一也。〔註 114〕（「見獨，而後能无古今」）
>
> 死生一也。〔註 115〕（「无古今，而後能入於不死不生」）
>
> 外者遺也，忘世忘物忘我，脫然無累於中，所謂與物皆冥也。朝徹
> 乃知之徹上徹下，見獨乃知之獨往獨來，無古今乃知之無始無終，
> 由是以入於不死不生，萬化而未始有極，雖與天地並存可也。「殺生
> 者不死」，以道存而物莫能傷；「生生者不生」，以直養而物莫能助。

〔註 108〕 王邦雄：《中國哲學論集》，頁 96。
〔註 109〕 郭象註云：「夫與物冥者，物縈亦縈，而未始不寧也。」郭慶藩輯：《莊子集
　　　　 釋》，頁 255。
〔註 110〕 劉鳳苞撰，方勇點校：《南華雪心編》，頁 159。
〔註 111〕 劉鳳苞撰，方勇點校：《南華雪心編》，頁 159。
〔註 112〕 劉鳳苞撰，方勇點校：《南華雪心編》，頁 159。
〔註 113〕 劉鳳苞撰，方勇點校：《南華雪心編》，頁 159。
〔註 114〕 劉鳳苞撰，方勇點校：《南華雪心編》，頁 159。
〔註 115〕 劉鳳苞撰，方勇點校：《南華雪心編》，頁 159。

其為物無不將，無不迎也，而非有意於將迎；無不毀，無不成也，
而非有意於成毀。〔註116〕（〈大宗師〉）

依其注文，其工夫歷程為：

忘世忘物→忘我→朝徹→見大宗師→古今一也→死生一也→攖寧

依其意，「世、物、我」本為形而下現象界之「有」，若能「忘」世、物、我，
便能入「無有」之境，因而知此「忘」字為工夫義。而「天下一」、「物我一」、
「生死一」之「一」即為「道」，皆一於形而上之道。接著進入「朝徹」，由元
氣徹上徹下，通於道物間，而後體會道之絕對，故謂之「見獨」。接著，主體
生命超越了時間、死生的限制。最後，進入「攖寧」境界，與道同存。

整體工夫歷程，又可分作三個層次：

其始見人即見天，故能外天下外物而並外其生；其繼見天不見人，故
能朝徹見獨，無古今而入於不死不生；其後天與人兩忘，故無不將迎，
而非有心於將迎，無不成毀，而非有心於成毀。〔註117〕（〈大宗師〉）

「忘世」、「忘物」、「忘我」為「見人即見天」階段，由忘的工夫歷程中體察道
的存在；「朝徹」、「見獨」、「无古今」、「不死不生」為「見天不見人」，於體道
過程中，由主體生命中見道的存在，然猶存有天人之別，「攖寧」即為「天人
兩忘」之境，天人渾淪於道境中，故能以虛靈明覺之心應世。

而劉鳳苞對「攖寧」的說明為：

經許多磨折，方能得道。若致虛守寂以求道，便算不得竅。〔註118〕
（「攖寧也者，攖而後成者也」句下注）

「致虛守寂」本為道家之工夫，然而劉鳳苞卻認為，以此求道，便算不得竅。
又言經許多折磨，方能得道。人處於世，免不了遭遇困境，若想逍遙其中，則
需藉由工夫以超脫。然劉鳳苞所謂「折磨」究竟為何意？為何不能以「致虛守
寂」求之？其云：

千錘百鍊，攖其外而歷試艱危，攖其中而歷經憂患，攖之久而後得
玉汝於成，是聖人動心忍性之功也，知之能登假於道者，此也。「攖
寧」二字，括盡通篇妙旨，匪夷所思。〔註119〕（〈大宗師〉）

〔註116〕劉鳳苞撰，方勇點校：《南華雪心編》，頁161。
〔註117〕劉鳳苞撰，方勇點校：《南華雪心編》，頁136。
〔註118〕劉鳳苞撰，方勇點校：《南華雪心編》，頁160。
〔註119〕劉鳳苞撰，方勇點校：《南華雪心編》，頁161。

人處於世上，不論形軀內、外皆有其考驗，即對生理與心理的試鍊，若能通過此些試鍊，久之便能進入道境。於此並無疑問，然劉鳳苞卻以「聖人動心忍性之功」釋此段歷程，恐又有別於莊子。所謂「動心忍性」出自《孟子‧告子》下，其云：

> 故天將降大任於是人也，必先苦其心志，勞其筋骨，餓其體膚，空乏其身，行拂亂其所為；所以動心忍性，曾益其所不能。〔註120〕（《孟子‧告子下》）

孟子本意在於藉憂患的環境考驗人，藉以激發其心志，使其性格堅忍，進而增進其能力。而憂患意識衍生出道德意識，故其「性」乃為孟子人皆有四端之心的善性，是由「道德」角度而論，此處劉鳳苞將攖寧的工夫歷程融入孟子「動心忍性」說，則前言「折磨」，恐是指此意。而前節中論「坐忘」時，劉鳳苞云「全是從仁義禮樂入手，有一番刻苦工夫用在前面，漸漸融化入微，方能到此地步。」即在強調坐忘工夫必先由儒家仁義道德之處開始實踐，漸漸內化後，並其仁義之迹與用心一起化掉。然就莊子而言，其所以言「忘仁義」、「忘禮樂」，並非欲人實踐儒家仁義禮樂後忘之，而是先秦時儒家蔚為風尚，儒者眾多，莊子欲與儒家道德仁義說對抗，方言「忘仁義」、「忘禮樂」，以超越儒家思想對主體生命的囿限。而劉鳳苞即就此歷程，言「坐忘」全由「仁義禮樂」入手，亦無怪乎其言「若致虛守寂以求道，便算不得甯」，若未先由「仁義禮樂」開始，則此工夫歷程便不算完整，自然無法達道境。由此亦可知「坐忘」工夫歷程中，「忘仁義」、「忘禮樂」為儒家的工夫論，在論「人事」，於實處致力；「墮肢體、黜聰明，離形去知，同於大通」，為莊子的工夫論，在論「天事」，於迹象兩忘處見其神化，由此論兩家旨趣相合。

〔註120〕阮元：《孟子》，頁 223。

第五章　聖人論

第一節　理想人格

　　《莊子》論及體道者時，分別以「至人」、「神人」、「聖人」、「真人」等不同名稱說之，細究莊子對四者的論述亦有所區別。此不免使人疑惑，這些稱呼間究竟有著什麼關係，是否有高下之別？若是「至人」、「神人」、「聖人」、「真人」所指皆為最終極的理想人格，那麼四者間究竟是不同面向之描述，還是工夫歷程所達至的不同境界？以下將針對《莊子》對四人的描述進行分析，以明四者間的關係。

一、至人──无己

　　「至人」一詞首先出現於《莊子·逍遙遊》「至人无己，神人无功，聖人无名」〔註1〕（〈逍遙遊〉）一段，其中「至人」與「神人」、「聖人」並列，共同標示著「乘天地之正，而御六氣之辯，以遊无窮者」〔註2〕（〈逍遙遊〉）的無待境界。所謂「天地」乃是「萬物」之總稱，而「萬物」即為「天地」之散名〔註3〕。易言之，「天地」乃是一形上之理，不可得而見，不可得而聞，故必藉萬物以為體，方可得而見、聞。萬物既稟此形上之理而生，故亦當以自然為

〔註1〕郭慶藩輯：《莊子集釋》（台北：河洛圖書出版社，1980），頁17。
〔註2〕郭慶藩輯：《莊子集釋》，頁17。
〔註3〕郭象注云：「天地者，萬物之總名也。天地以萬物為體，而萬物必以自然為正，自然者，不為而自然也。」郭慶藩輯：《莊子集釋》，頁20。成玄英疏云：「天地者，萬物之總名。萬物者，自然之別稱。」郭慶藩：《莊子集釋》，頁20。

準，不可違逆自然。「六氣〔註4〕」為「陰、陽、風、雨、晦、明」，當生命主體能夠隨順自然而行，即為「無待的逍遙」境界。所謂「無待」，即是無所依恃，剝落主體對外在客觀條件的仰賴，亦即主體能超昇於外在客觀條件之上，悠遊自在。而「至人无己，神人无功，聖人无名」是莊子對此究極境界所下之結語。

（一）拙於用大

1. 莊子原旨

何謂「至人无己」？吾人可藉〈逍遙遊〉末莊子與惠施之辯詮釋之。云：

> 惠子謂莊子曰：「魏王貽我大瓠之種，我樹之成而實五石，以盛水漿，

〔註4〕關於「六氣」所指，說法甚多，按成玄英與郭慶藩所錄分別為：「六氣者，李頤云：平旦朝霞，日午正陽，日入飛泉，夜半沆瀣，並天地二氣為六氣也。又杜預云：六氣者，陰陽風雨晦明也。又支道林云：六氣，天地四時也。」《六氣》司馬云：陰陽風雨晦明也。李云：平旦為朝霞，日中為正陽，日入為飛泉，夜半為沆瀣，天玄地黃為六氣。王逸注《楚辭》云：陵陽子《明經》言，春食朝霞，朝霞者，日欲出時黃氣也。秋食淪陰，淪陰者，日沒已後赤黃氣也。冬食沆瀣，沆瀣者，北方夜半氣也。夏食正陽，正陽者，南方日中氣也。並天玄地黃之氣，是為六氣。沆，音戶黨反。瀣，音下界反。支云：天地四時之氣。◎慶藩案《釋文》引諸家訓六氣，各有不同。司馬以陰陽風雨晦（冥）〔明〕為六氣，其說最古。李氏以平旦日中日入夜半並天玄地黃為六氣，頗近牽強。王逸支遁以天地四時為六氣。夫天地之氣，大莫與京，四時皆承天地之氣以為氣，似不得以四時與天地並列為六。王應麟云：六氣，少陰君火，太陰溼土，少陽相火，陽明燥金，太陽寒水，厥陰風木，而火獨有二。天以六為節，故氣以六為一備。《左傳》述醫和之言，天有六氣，（注云：陰陽風雨晦（冥）〔明〕也。）降生五味。即《素問》五六之數。（全祖望云：天五地（五）〔六〕，見於《大易》，天六地五，見於《國語》。〔故〕《漢志》云，五六天地之中合。然左氏之說，又與《素問》不同。）沈括《筆談》：六氣，方家以配六神，所謂青龍者，東方厥陰之氣也；其他取象皆如是。唯北方有二：曰玄武，太陽寒水之氣也；曰騰蛇，少陽相火之氣也，其在人為腎，腎有二：左太陽寒水，右少陽相火，此坎離之交也。中央太（陽）〔陰〕十為句陳，配脾也。六氣之說，聚訟芬如，莫衷一是。愚謂有二說焉：一，〈洪範〉雨暘燠寒風時為六氣也。雨，木也；暘，金也；燠，火也；寒，水也；風，土也；是為五氣。五氣得時，是為五行之和氣，合之則為六氣。氣有和乖，乖則變也，變則宜有以御之，故曰御六氣之變。一，六氣即六情也。《漢書翼·奉傳》奉又引師說六情云：北方之情，好也，好行貪狼，申子主之；東方之情，怒也，怒行陰（餓）〔賊〕，亥卯主之；南方之情，惡也，惡行廉貞，寅午主之；西方之情，喜也，喜行寬大，已酉主之；上方之情，樂也，樂行姦邪，辰未主之；下方之情，哀也，哀行公正，戌丑主之。此二說似亦可備參證。」郭慶藩：《莊子集釋》，頁 20～21。今就上句「乘天地之正」，而採用「陰陽風雨晦明」之說。

其堅不能自舉也。剖之以為瓢,則瓠落無所容。非不呺然大也,吾為其無用而掊之。」莊子曰:「夫子固拙於用大矣。宋人有善為不龜手之藥者,世世以洴澼絖為事。客聞之,請買其方百金。聚族而謀曰:『我世世為洴澼絖,不過數金;今一朝而鬻技百金,請與之。』客得之,以說吳王。越有難,吳王使之將,冬與越人水戰,大敗越人,裂地而封之。能不龜手,一也;或以封,或不免於洴澼絖,則所用之異也。今子有五石之瓠,何不慮以為大樽而浮乎江湖,而憂其瓠落無所容?則夫子猶有蓬之心也夫!」〔註5〕(〈逍遙遊〉)

惠子囿於五石大瓠之定用,盛水卻因太過沉重而舉不起來,剖開它當作水瓢卻沒有水缸可以容納,惠子因其無用而擊破。莊子指責惠子不知「用大」也,心靈閉塞不通〔註6〕,並舉「不裂手之藥」為例,說明宋人有不裂手藥,世世代代以染布料為業;客人以百兩黃金買下藥,並說服吳王冬天與越人水戰時用之,果大敗之,吳王因而裂地封之。同為「不龜手之藥」,用途卻因人而異,所收之功亦有所別。莊子接著回應惠子,既有五石之大瓠,可以將它當作腰舟飄浮江湖之上,又何必侷限於世俗狹隘的定用,盛水或為瓢?合觀二者,惠子與宋人皆執著於物之定用,將自己的價值觀強加於物上,未能順物之性變化以用。而莊子及客反能洞察物之本性並隨順而用,物方可得其大用。末段文中惠子藉大樹「大而無用」質疑莊子的學說亦如是,莊子反指責惠子「何不樹之於无何有之鄉、廣莫之野,彷徨乎无為其側,逍遙乎寢臥其下。不夭斤斧,物无害者,无所可用,安所困苦哉!」所論同於前文之意〔註7〕。由此大抵可瞭解「至人无己」在說明至人能洞察萬事萬物的自然本性,不以己意傷物之性,反隨順之,使萬事萬物便皆可得其大用、妙用也。

〔註5〕郭慶藩輯:《莊子集釋》,頁36〜37。

〔註6〕陳鼓應云:「『蓬心』是指人的視野的短淺,胸襟的偏狹,這種視野短淺和胸襟偏狹成了人的心靈地自我封閉。《十家論莊》(上海:上海人民出版社,2004.4),頁427。

〔註7〕〈逍遙遊〉云:「惠子謂莊子曰:『吾有大樹,人謂之樗。其大本擁腫而不中繩墨,其小枝卷曲而不中規矩,立之塗,匠者不顧。今子之言,大而無用,眾所同去也。』莊子曰:『子獨不見狸狌乎?卑身而伏,以候敖者,東西跳梁,不辟高下;中於機辟,死於罔罟。今夫斄牛,其大若垂天之雲。此能為大矣,而不能執鼠。今子有大樹,患其无用,何不樹之於无何有之鄉、廣莫之野,彷徨乎无為其側,逍遙乎寢臥其下。不夭斤斧,物无害者,无所可用,安所困苦哉!』」,頁39〜40。

2. 劉鳳苞的詮釋

劉鳳苞於「夫子固拙於用大矣」一文後，點評曰：

> 此第五段，歎惠子之拙於用大，乃莊子出世之深心也。瓠落無所容，
> 喻道大則莫能用，而欲毀其道以求用，道喻決裂而不可用，豈知無用
> 之用，固有善全其道，不必求用於世，而其用為更神者。因其無用而
> 掊之，惠子之言何等激烈，莊子謂其拙於用大，而轉商所以用此道者，
> 非亟亟於求用也，正謂道大莫容，於道無損，而道之可用者自存，故
> 借小以喻大，即技藝之微，亦分別所用之大小。「能不龜手一也」以
> 下，爽若哀梨，快若并翦，文勢亦極鼓舞宕宕之致。入後則指出無用
> 之用，放乎中流，杳然無際，正寫其逍遙處，以之濟天下而大道無所
> 容，以之濟一身而大道又何所滯乎？〔註8〕（〈逍遙遊〉）

劉鳳苞藉「大瓠」喻莊子之「道」，而道大不能為世所用，因而毀其道以求世
用，引出「不用之用」，其用更為神。道本為形而上之存在，無形、無聲、無
臭、無邊、無際，若欲以形而下現象界之器用衡量道之用，則破壞了整全的道
體。故必以「不用之用」方能得道之大用，但「不用」並非真不用，是以「忘」
之方式去用，若亟亟於求用，反陷入世俗價值之器用中，未能體會道之大。但
主體生命未能體會道之大，並非表示道之消逝，道為萬事萬物的本根、永恆的
存在，能體會者自能存道。莊子原文旨在闡述至人洞察物之本性並隨順之，唯
不囿世俗之價值觀與於物之定用，物方可得其大用，但劉鳳苞藉以引出「無用
之用」，其用更為神者，於思想上往前更進一步。而「吾有大樹，人謂之樗」
一文，所申論之意同於本文，但轉以「有用致患，轉以無用免害」角度，說明
「無用之用」方為大用〔註9〕。更進一步引出其自適於清虛的逍遙境界〔註10〕。

（二）至人之用心若鏡

1. 莊子原旨

除〈逍遙遊〉外，〈應帝王〉中對於至人境界亦進一步描寫：

〔註8〕劉鳳苞撰，方勇點校：《南華雪心編》，頁16。

〔註9〕劉鳳苞注云：「歎物之以有用致患，轉以無用免害，又莊子應世之妙用也」劉
鳳苞撰，方勇點校：《南華雪心編》，頁18。

〔註10〕劉鳳苞注云：「無何有之鄉、廣莫之野，空空洞洞，至人之所游也；無為其側，
寢臥其下，至人之所為逍遙也。果何道以致此哉？惟其自適於清虛，而不以眾
所同去為患也。一篇寓意文章，千盤百折，至此始為「逍遙」二字點睛，可想
見慘淡經營之致矣。」劉鳳苞撰，方勇點校：《南華雪心編》，頁18。

至人之用心若鏡，不將不迎，應而不藏，故能勝物而不傷。〔註11〕
（〈應帝王〉）

上段中以具體事例說明「无己」之功，此處則以「鏡」為喻原則性地說明至人如何以「无己」之方式應物。「至人之用心若鏡」，郭象注云：「鑒物而無情。〔註12〕」所謂「無情」，非狹義的指謂「無感情」，而是超越地表示「無偏私之情」。至人鑒物無偏私、好惡之情，其心如鏡般明澈，面對萬物「不將不迎，應而不藏」，則萬事萬物皆如其本然呈現。易言之，至人無偏私之情，故不以其情應物，而能不傷物之性；亦正因不以其情應物，故亦不傷己，此所謂「勝物而不傷」也。所謂「不傷」，即〈德充符〉中所云：「吾所謂无情者，言人之不以好惡內傷其身，常因自然而不益生也。」〔註13〕（〈德充符〉），「無情」可「不以好惡內傷其身」與「因自然而不益生」。總而言之，至人的生命承載了萬事萬物，但卻不因此傷己之性，亦不傷物之性，正顯出至人境界之高。

2. 劉鳳苞的詮釋

劉鳳苞對「至人之用心若鏡」一文，注云：

惟虛故明，用心仍無心也，無心而自明。〔註14〕（「至人之用心若鏡」句下注）

解「虛」字，一片空明。〔註15〕（「故能勝物而不傷」句下注）

對於莊子以「鏡」喻至人之用心，劉鳳苞強調了「虛」字。而「虛」於其思想體系下佔了重要地位，當心處於「虛」境時，透過元氣徹上徹下與形而上之道相通，此時道、物相冥，為體道境界。此境界中，至人除化其應世之迹，并其「用心」一併化，故言「用心仍無心，無心而自明」，「無」為工夫義，無去其「用心」，則心虛，虛則空明。劉鳳苞注解之旨不離莊子，但以「虛」釋鏡，相應於本體論中對「元氣」之重視。而其於文後點評曰：

明鏡無物在中，故能屢照而不疲；帝王無物在中，故能泛應而曲當。無物則我能應物，而物莫能藏；無物則我能勝物，而物莫能傷。運實理於清虛，無有者乃其無所不有也。〔註16〕（〈應帝王〉）

〔註11〕郭慶藩輯：《莊子集釋》，頁307。
〔註12〕郭慶藩：《莊子集釋》，頁309。
〔註13〕郭慶藩：《莊子集釋》，頁221。
〔註14〕劉鳳苞撰，方勇點校：《南華雪心編》，頁203。
〔註15〕劉鳳苞撰，方勇點校：《南華雪心編》，頁203。
〔註16〕劉鳳苞撰，方勇點校：《南華雪心編》，頁204。

點評中仍在說明「虛」之理，並進一步說明帝王以「虛」心應物，則物「莫能藏」、「莫能傷」。虛，反能兼容萬物，無所不有也。

（三）至人神矣

1. 莊子原旨

〈齊物論〉中對至人有近乎神話的描寫：

> 至人神矣！大澤焚而不能熱，河漢沍而不能寒，疾雷破山飄風振海而不能驚。若然者，乘雲氣，騎日月，而遊乎四海之外。死生无變於己，而況利害之端乎！〔註17〕（〈齊物論〉）

「至人神矣」之「神」，並非「神怪」義。牟宗三對「神」字作精闢的分析，以為：

> 中國人所說的「神」具有兩層意義：一為儒道二家所說之「神」，大體為「境界義」；另一層乃是就民俗學而論，即一般鬼神之「神」。而儒道二家兩種意義的「神」皆有，唯其不停留在後者而論。道家的「神」即為「自然」，乃是由修道往裡入說神，此道即「玄智」、「玄理」。修道所達成的是一種精神境界，且此「神」的意義每一個人修養達最高境界時便呈現。〔註18〕

據牟氏之說，此處是就「境界」而言，指修道時所達至的精神境界，為個人修養之最高境界，故「至人神矣」是指至人經由修道所臻的最高精神境界。而此境界的描述為「大澤焚而不能熱，河漢沍而不能寒，疾雷破山飄風振海而不能驚。」，本節看似神異，莊子其實是以譬喻手法表達至人能與物冥合，故能使「物無變於己」，而其所以能無變於己，乃是因「至人无己」、「至人之用心若鏡」，故能「勝物而不傷」，並非表達至人真能承受現實中大草原的烈焰、江河結凍的冰，甚至連振山的疾雷與掀海的巨風都無法使他震驚。

合而言之，莊子對「至人」之論述，強調不以我之「價值觀」強加於他人、他物之上，尊重他人、他物之個別性、殊異性，以求人我、物我間能相容。

2. 劉鳳苞的詮釋

劉鳳苞詮釋「至人神矣」，特別偏重「化」與「忘」。其注云：

〔註17〕郭慶藩輯：《莊子集釋》，頁96。
〔註18〕牟宗三主講盧雪崑記錄：〈莊子〈齊物論〉講演錄（十二）〉，《鵝湖月刊》329期（2002.11），頁1。

神全則迹化。〔註19〕（「至人神矣」句下注）

承利害說。〔註20〕（「大澤焚而不能熱，河漢冱而不能寒，疾雷破山、風振海而不能驚」句下注）

就利害再透進一層。〔註21〕（「死生无變於己」句下注）

付之兩忘，無所容吾知也，況樊然殽亂者乎？〔註22〕（「而況利害之端乎」句下注）

劉鳳苞就「利害」以說明，而特別強調「迹化」與「兩忘」。當至人之修養達最高的生命境界時，便能夠化其迹；而與物「兩忘」，化去物我間的區別，則萬物皆能容於主體生命境界中。故於文後點評曰：

末句答還他利害之問，可想見至人之知通於神明，究竟莫能指其知之所在，不如依舊還他一箇不知，其用意用筆全在無字句處著力，後人更從何處臨摹？〔註23〕（〈齊物論〉）

至人之知能通於神明，卻無可名狀，世人徒見至人之迹而不知其知所在，故處處仿效，因而劉鳳苞特別強調「無」，即「化其迹」，以免世人不明就裡地模仿。莊子此章本在突出「至人神矣」之「神」，而劉鳳苞則藉以強調「付之兩忘」、「迹化」的重要。其於〈庚桑楚〉「徹志之勃，解心之謬」一段後評曰：「無為無不為，語意渾成，寫至人心境一片化機，有自在遊行之樂。」〔註24〕，同樣的在說明至人泯其迹後呈現一片化機的生命境界，此即為「無為而無不為」的最佳注解。

二、神人──无功

　　《莊子》書中對「神人」的說明，為四種理想人格中篇幅最少者，〈逍遙遊〉說：「至人无己、神人无功、聖人无名」，對「神人」與「至人」、「聖人」同樣標舉一「乘天地之正、御六氣之辯、以遊无窮者」的無待境界，此境界已於前文「至人」處論過，茲不贅述，現僅就「神人无功」論述「神人」之狀態。

〔註19〕劉鳳苞撰，方勇點校：《南華雪心編》，頁54。
〔註20〕劉鳳苞撰，方勇點校：《南華雪心編》，頁54。
〔註21〕劉鳳苞撰，方勇點校：《南華雪心編》，頁54。
〔註22〕劉鳳苞撰，方勇點校：《南華雪心編》，頁54。
〔註23〕劉鳳苞撰，方勇點校：《南華雪心編》，頁55。
〔註24〕劉鳳苞撰，方勇點校：《南華雪心編》，頁579。

（一）藐姑射之山，有神人居焉

1、莊子原旨

〈逍遙遊〉中敘述「藐姑射之山」的「神人」說：

> 肩吾問於連叔曰：「吾聞言於接輿，大而无當，往而不返。吾驚怖其
> 言，猶河漢而无極也；大有逕庭，不近人情焉。」連叔曰：「其言謂
> 何哉？」曰：「藐姑射之山，有神人居焉，肌膚若冰雪，淖約若處子。
> 不食五穀，吸風飲露。乘雲氣，御飛龍，而遊乎四海之外。其神凝，
> 使物不疵癘而年穀熟。吾以是狂而不信也。」連叔曰：「然，瞽者无
> 以與乎文章之觀，聾者无以與乎鐘鼓之聲。豈唯形骸有聾盲哉？夫
> 知亦有之。是其言也，猶時汝也。之人也，之德也，將旁礴萬物以
> 為一世蘄乎亂，孰弊弊焉以天下為事！之人也，物莫之傷，大浸稽
> 天而不溺，大旱金石流土山焦而不熱。是其塵垢秕穅，將猶陶鑄堯
> 舜者也，孰肯以物為事！宋人資章甫而適諸越，越人斷髮文身，無
> 所用之。堯治天下之民，平海內之政，往見四子藐姑射之山，汾水
> 之陽，窅然喪其天下焉。」〔註25〕（〈逍遙遊〉）

本段藉肩吾驚怖接輿之言，引出對神人的說明。藐姑射山之神人「肌膚若冰雪，
淖約若處子」，就表面而言，似在說明神人為一絕色美女。但成玄應疏云：「冰
雪取其潔淨，綽約譬以柔和」〔註26〕依成疏之意，「冰雪」、「綽約」應是在喻
指神人之德，其心潔淨，應物時如實地照見，而其性柔和，不以己傷物，正因
「潔淨」、「柔和」，故物亦不傷己。郭象則以為，「處子」係指「不以外傷內」；
成疏亦云「處子不為物傷」〔註27〕，故可知「神人」虛以應物，不為物傷也。
又能「乘雲氣，御飛龍，而遊乎四海之外」，此段所言與「乘天地之正，御六
氣之辯，以遊无窮者」的無待境界相同，旨在強調神人超脫形骸之限制，精神
向上超昇，遊於無窮。而其中對於「神人」的描寫最為特出之處，即在「其神
凝，使物不疵癘而年穀熟」一段，表面似在說明神人精神專一，便可使農作物
免於災害，而年年五穀豐收。然細探其意，「其」指神人；「神」指「精神」；
「凝」指專注、專一。郭象注此句云：「遺身而自得，雖淡然而不待，坐忘行
忘，忘而為之，故行若曳枯木，止若聚死灰，是以云其神凝也。」〔註28〕成玄

〔註25〕郭慶藩：《莊子集釋》，頁28～31。
〔註26〕郭慶藩：《莊子集釋》，頁28。
〔註27〕郭慶藩：《莊子集釋》，頁28。
〔註28〕郭慶藩：《莊子集釋》，頁30。

英疏云：「聖人形同枯木，心若死灰，本迹一時，動寂俱妙，凝照潛通，虛懷利物。」〔註29〕二人皆以「神凝」為神人的修養工夫。〈庚桑楚〉中對庚桑楚的描寫，亦頗似此處的神人，其言云：

> 老聃之役有庚桑楚者，偏得老聃之道，以北居畏壘之山，其臣之畫然知者去之，其妾之挈然仁者遠之；擁腫之與居，鞅掌之為使。居三年，畏壘大壤。……庚桑子曰：「弟子何異於予？夫春氣發而百草生，正得秋而萬寶成。夫春與秋，豈无得而然哉？天道已行矣。」
> 〔註30〕（〈庚桑楚〉）

庚桑楚得老聃之道，居住於北方的畏壘山中。「其臣之畫然知者去之，其妾之挈然仁者遠之」一段，旨在批判儒家的「道德」，儒家以為必以仁智應世，但以「智」應世必生巧偽之心，以「仁」應世必有物我之分，故必「去之」、「遠之」〔註31〕。而與庚桑楚所居者、所使者為「擁腫」、「鞅掌」，皆淳樸者；供其役者乃率性之人，歸於淡然〔註32〕，三年後，畏壘大豐收。此段敘述正可視為藐姑射山神人的「其神凝，使物不疵癘而年穀熟。」的註解。而畏壘大壤，是因「天道已行矣」，春生、夏長、秋收、冬藏，乃天地自然之道、自然常理，不容人為於其間，唯有順成之。易言之，因神人循天地運行以順成之、長成之，看似有功於民，其實僅是順天地之德，故有其功，但無功相，此即所謂「窅然喪其天下焉」，神人亦不自恃其功。連叔接著再論「神人」之功：「之人也，之德也，將旁礴萬物以為一世蘄乎亂，孰弊弊焉以天下為事！」神人雖有功於天下，但豈會汲汲營營治理天下？其應世的方式在「其神凝」，當他精神專一時，農作物便不會遭到病害而豐收。「之人也，物莫之傷，大浸稽天而不溺，大旱金石流土山焦而不熱」一段，再重申接輿所謂「淖約若處子」與神人不為物傷之旨。至於「是其塵垢秕穅，將猶陶鑄堯舜者也，孰肯以物為事！」一段，旨在貶抑堯舜汲汲於治世，未若神人「不以物為事」，治世而不顯功相。並以「宋人資章甫而適諸越，越人斷髮文身，無所用之。」具體說明堯若以「仁義禮樂」治天下，即同於越人之無所用宋人章甫，藉風俗之異以表明宋國的價值觀不適用於越國。推而言之，儒家治天下欲以「仁義禮樂」為天下唯一的價值標準，

〔註29〕郭慶藩：《莊子集釋》，頁 30。
〔註30〕郭慶藩：《莊子集釋》，頁 769～771。
〔註31〕成玄英疏云：「言人以仁智為臣妾，庚桑子悉棄仁智以接事君子也。」郭慶藩：《莊子集釋》，頁 770。
〔註32〕成玄英疏云：「擁腫鞅掌，皆淳朴自得之貌也。」郭慶藩：《莊子集釋》，頁 770。

強加於天下所有人身上，反倒使天下紛亂不已，因其忽略了天下人各有其不同之標準。最後，「窅然喪其天下焉」，即言堯雖治天下，卻已忘治理天下之功。

合而言之，「神人无功」即在言「窅然喪其天下」。神人應世、治世的方式為「其神凝」，則物沒有遭受災害而豐收。莊子將神人託之於絕垠之外、推之於視聽之表，旨在明神人之境的玄妙。莊子所謂「神人无功」，其實承自老子「功成事遂，百姓皆謂我自然」〔註33〕。老子以為聖人之治在於順天下之人以治之、因順之，故百姓日用之而不知。聖人雖使天下治，但百姓不知上有聖人，不知其所以能成，在於聖人無為而治，故以為是自然而成。可見「神人无功」，即治之而不顯功相，無事功的滯累，一切生命之本然狀態遂能於其功化下存而不失，百姓卻以為自然。

2. 劉鳳苞的詮釋

劉鳳苞注解「藐姑射之山，有神人居焉」，以為「其神凝」三字是「全幅精神」〔註34〕，此無誤。但於「使物不疵癘而年穀熟」句下注：「二句是中和位育之功」〔註35〕，明顯將《中庸》：「致中和，天地位焉，萬物育焉。」融入莊子思想中。但莊子思想本於「道」，藉由神人「其神凝」工夫以成其功化，但《中庸》本於道德意識，以為當個體能夠達「中和」之境，便可使天地萬物各得其所，各遂其生。理路上全然不同。此外，劉鳳苞於「藐姑射之山，有神人居焉」文後評曰：

> 此第三段，證上「神人無功」意，全是過化存神妙用，不假一毫勉強作為。使非明察於沕穆之境，聰聽於淵默之中，而但以聲色求之，未有不疑其大而無當者。聲盲之喻就知論知，非指斥肩吾，正見道之微妙難窺也；「孰弊弊」句，祇是凝神宥密，即為天下託命之原，一切禮樂文章度數之繁，皆其迹焉耳，豈必瑣屑以求之哉？「磅礴萬物」，萬物皆待命於凝神之至人，參贊化育，天且弗違，其誰得而傷之？不溺不熱，俱釋一「凝」字。舜之風雷弗迷，禹之拯溺澹災，文之彈琴演易，均此一幅本領；塵垢粃糠，道之散見於萬事萬物者，自凝神之至人視之，則塵垢而已矣，粃糠而已矣，即此零星散碎收拾起來，猶將陶鑄堯舜，況其精焉者乎？末句重言以結之，誳然而

〔註33〕樓宇烈校釋：《老子周易王弼注校釋》（台北：華正，1983.9），頁41。
〔註34〕劉鳳苞注云：「三字，全幅精神。」（「其神凝」句下注，頁13。）
〔註35〕劉鳳苞撰，方勇點校：《南華雪心編》，頁13。

止，如龍門之桐，高百尺而無枝。〔註36〕

劉鳳苞此段注文中有兩處需特別留意：第一，以《孟子》的「過化存神」說明「神人無功」。所謂「過化存神」，孟子說：「夫君子所過者化，所存者神，上下與天地同流。〔註37〕」本根源於儒家的道德意識，透過道德主體逆覺，體證達聖人境界，聖人所至之處，百姓皆能蒙其恩澤。此又與莊子以「道」為根源，透過神人「其神凝」所成之功化截然不同。引文中又提到「一切禮樂文章度數之繁，皆其迹焉耳」。對於儒家的「禮樂文章度數」，劉鳳苞並未否定，僅是將其視為「迹」，神人不會「瑣屑以求之」。第二，本則注文本在評論「神人」無功，但在評「是其塵垢粃穅，將猶陶鑄堯舜者也，孰肯以物為事」時，卻云：「自凝神之至人視之，則塵垢而已矣」，將「神人」轉為「至人」。此是否意味著在劉鳳苞的思想下，「神人」與「至人」是相通的呢？此關於體道者不同稱謂間的關聯，暫不討論，將移至文末作整體的分析。

劉鳳苞在類似〈逍遙遊〉「神人無功」的〈庚桑楚〉「老聃之役有庚桑楚者」一篇中，注云：

擁腫遲頓，鞅掌勞瘁，正與畫然挈然相反，與居無使，知仁兩無所用。〔註38〕（「之與居，鞅掌之為使」句下注）

然其民愚樸無所事知，而致力於衣食之間，風俗淳厚，則年穀亦順成矣。〔註39〕（「居三年，畏壘大壤」，句下注）

以聖擬之，猶有迹可名也，不如并其聖知而渾之。〔註40〕（「庶幾其聖人乎」句下注）

民不能忘，即此便有形迹。〔註41〕（「子胡不相與尸而祝之，社而稷之乎」句下注）

渾然無迹，而時物行生，化工之妙也。〔註42〕（「天道已行矣」句下注）

莊子藉「老聃之役有庚桑楚者」批判了儒家的「仁義禮智」，並強調治天下當

〔註36〕劉鳳苞撰，方勇點校：《南華雪心編》，頁 13～14。
〔註37〕阮元：《孟子》《十三經注疏》（台北：藝文印書館，1955），頁 231。
〔註38〕劉鳳苞撰，方勇點校：《南華雪心編》，頁 546。
〔註39〕劉鳳苞撰，方勇點校：《南華雪心編》，頁 546。
〔註40〕劉鳳苞撰，方勇點校：《南華雪心編》，頁 546。
〔註41〕劉鳳苞撰，方勇點校：《南華雪心編》，頁 546。
〔註42〕劉鳳苞撰，方勇點校：《南華雪心編》，頁 547。

循天地運行以順成之、長成之，但劉鳳苞仍藉此說明「仁義之迹」的問題。庚桑楚棄「知仁」，因「知仁兩無所用」；而畏壘大壤，其民「愚樸無所事知」。劉鳳苞之意似在批判儒家的「仁義禮智」，卻云：「以聖擬之，猶有迹可名也，不如并其聖知而渾之」，就執政者而言，要「并其聖知而渾之」。此如上所言，劉鳳苞其實並未否定儒家的「仁義禮智」，而是要「渾之」，即「泯其迹」。就百姓而言，「民不能忘，即此便有形迹」，百姓亦要「忘」執政者的仁義之迹。上下交相忘，此時「渾然無迹，而時物行生，化工之妙也」。而執政者的治道，具體內容為何呢？劉鳳苞以為，要「任天而動，非至人導之使行也。」〔註43〕（「而百姓猖狂不知所如往」句下注），而「任天」又是何義呢？其於「老聃之役有庚桑楚者」段後評曰：

> 政教所成，皆元氣之流行，無可舉似。使人歸美於期上，何如相忘於沕穆之中邪？春生秋成，皆天地自然之理，而真宰所棲，尋之無迹，與尸居環堵之至人，默契於形聲之外，豈無所得而然？〔註44〕（〈庚桑楚〉）

依引文，此「天」為「元氣之流行」。劉鳳苞本體論的概念中，強化了「元氣」貫通道物間中介的作用，因此於政治論上亦體現了「元氣」的作用，政教能有成，即元氣之流行，所本者仍是形而上的「道」。體現於生活中，能見到的即是「春生秋成」，真宰寄乎其間，卻無迹可尋，正若至人「尸居環堵」看似無功，然一切治功渾化於道之中，天下治矣。

整體而言，劉鳳苞在注解「神人無功」時，融入了《中庸》「中和位育」與《孟子》「過化存神」的思想。於治道上仍以儒家「仁義」為根底，並藉「神人」言「渾然無迹」。

三、聖人──无名

《莊子》中對「聖人」一詞的使用最為頻繁，其意涵亦最為豐富，細察書中對「聖人」之論述，大抵而言，〈內篇〉乃是作為一「理想人格」；而〈外、雜篇〉中則非必就「理想人格」而言，如〈駢拇〉、〈馬蹄〉、〈胠篋〉篇中所論之「聖人」是以「仁義禮樂」思想為進路，屬於「儒家式聖人」，因而強力批判。

〔註43〕劉鳳苞撰，方勇點校：《南華雪心編》，頁 547。
〔註44〕劉鳳苞撰，方勇點校：《南華雪心編》，頁 548。

（一）名者，實之賓
1. 莊子原旨

《莊子・內篇》中，「聖人」一詞多出現於〈齊物論〉，然其首度出現則在〈逍遙遊〉中，與「至人」、「神人」共同標舉「乘天地之正，而御六氣之辯，以遊无窮者」的無待境界。所謂「聖人无名」，可藉〈逍遙遊〉中「堯讓天下於許由」寓言來闡述，其言云：

> 堯讓天下於許由，曰：「日月出矣而爝火不息，其於光也，不亦難乎！時雨降矣而猶浸灌，其於澤也，不亦勞乎！夫子立而天下治，而我猶尸之，吾自視缺然，請致天下。」許由曰：「子治天下，天下既已治也。而我猶代子，吾將為名乎？名者，實之賓也。吾將為賓乎？鷦鷯巢於深林，不過一枝；偃鼠飲河，不過滿腹。歸休乎君，予无所用天下為。庖人雖不治庖，尸祝不越樽俎而代之矣。」〔註45〕（〈逍遙遊〉）

此則寓言可分做兩個部分，第一部份，堯有意將天下讓與許由，堯首先舉出兩個譬喻，將許由比作「日月」、「時雨」，自比作「爝火」、「浸灌」，其目的在退己進人。然細究莊子之意，「爝火」、「浸灌」乃在喻人為造作，即儒家強以仁義扭曲人本有的自然本性，故言「黥汝以仁義，而劓汝以是非矣」；又「日月出矣」、「時雨降矣」本為大自然的現象，即為天道自然運行的法則，人唯隨順之而不可改也。易言之，君人治天下，唯順隨百姓之性，即為「自然」，由此顯示出許由與堯間明顯的境界差異。第二部分為許由回絕堯的「禪讓」，答曰：「子治天下，天下既已治也。而我猶代子，吾將為名乎？」在此，許由表達其不執著於君王的名位，因治天下者本為堯。「名者，實之賓也。」此為全文之關鍵，亦為許由拒絕堯「禪讓」之主因。莊子以為「名、實」兩者間主、客有別，而「實」為「主」、「名」為「賓」；「實」表實際治理之功、「名」表君王之位，許由不忻慕君王之名望及地位，故斷然拒絕。許由自比「鷦鷯」、「偃鼠」，故云「鷦鷯巢於深林，不過一枝；偃鼠飲河，不過滿腹。」，藉此二物表明自己取於性分所需者便足矣。按整段文意，皆在表明「名者，實之賓也。」許由不為「名」，因其為「賓」；但世人卻往往執著於外在之名，而忽略其自然的本質。唯「聖人」能超脫世俗之「名」，不為外在之名聲所羈絆。

〔註45〕郭慶藩輯：《莊子集釋》，頁22。

2. 劉鳳苞的詮釋

劉鳳苞注解「堯讓天下於許由」一文，大抵承襲了莊子之說，云：

> 日月時雨，皆自然而然者；爝火浸灌，皆作而致之者，大小相去遠甚。〔註46〕（「日月出矣而爝火不息，其於光也，不亦難乎！時雨降矣而猶浸灌，其於澤也，不亦勞乎」句下注）

> 言天下自治，非我治之也。「立」字與日月、時雨相映，「治」字與爝火、浸灌反照，皆不假一毫作用。〔註47〕（「夫子立而天下治」句下注）

> 天下安用治？而意主於治，亦有治功。〔註48〕（「子治天下」句下注）

> 用力而天下治，與不用力而天下治，等治也。〔註49〕（「天下既已治也」句下注）

> 既不為名，則天下無所用之矣。〔註50〕（「予无所用天下為」）

劉鳳苞先區別出兩種不同的治世之法：一為「自然而成」，即順物之自然而無心治之；一為「作而致之者」，即以仁義禮教有心治之，其中又以「無心治之」為佳。接著說明天下治平之功，看似歸於堯，其實是許由如「日月時雨」般「無心」治世，而百姓則於其觀照下順隨自然之性而生，故言「天下自治」。其中治世之功「不假一毫作用」，非人為可參與其中，若有心為之，便如堯猶存治迹，一旦有治迹便有治功，則其名隨之而來。而堯「用力」與許由「不用力」使天下治，就劉鳳苞而言是相同的，許由又何必出而治呢？且許由本不求名，故「天下無所用之」。而於「堯讓天下於許由」文後的點評，曰：

> 「名者，實之賓」，奇創語可當晨鐘暮鼓。舉世營營汲汲，曰吾以為名焉耳，實處全不相涉，即身外浮名，亦僅作無謂之周旋，而徒耗有用之精力，是果何為乎？巢林不過一枝，飲河不過滿腹，自奉者有限，沈溺者無窮，安所得逍遙之境而遊之？「無所用天下」句，看得冰冷雪淡，「尸祝不代庖」句，又說得斬釘截鐵，而筆意正自繚繞無窮，文情絕世，使人之意也消。〔註51〕（〈逍遙遊〉）

〔註46〕劉鳳苞撰，方勇點校：《南華雪心編》，頁10。
〔註47〕劉鳳苞撰，方勇點校：《南華雪心編》，頁10。
〔註48〕劉鳳苞撰，方勇點校：《南華雪心編》，頁11。
〔註49〕劉鳳苞撰，方勇點校：《南華雪心編》，頁11。
〔註50〕劉鳳苞撰，方勇點校：《南華雪心編》，頁11。
〔註51〕劉鳳苞撰，方勇點校：《南華雪心編》，頁12。

劉鳳苞重申了莊子「名者，實之賓」之意，以為人當取於性分所需便足矣，「名」只是「實」的框架，但世人卻往往執著於外在之名，而忽略其本質，唯「聖人」方能超脫世俗之「名」，不為外在之名聲所羈絆，許由為聖人代表，能斷然拒絕堯之讓天下。

（二）名實者，聖人之所不能勝

1. 莊子原旨

上小節中已釐清「名者，實之賓」之意，〈人間世〉中「顏回將之衛，請行於仲尼」一段，具體說明了好名之弊。仲尼云：

> 且昔者桀殺關龍逢，紂殺王子比干，是皆修其身以下傴拊人之民，以下拂其上者也，故其君因其修以擠之。是好名者也。昔者堯攻叢枝、胥敖，禹攻有扈，國為虛厲，身為刑戮，其用兵不止，其求實无已，是皆求名實者也，而獨不聞之乎？名實者，聖人之所不能勝也，而況若乎！〔註52〕（〈人間世〉）

關龍逢為夏桀時的賢臣，比干為商紂的叔父，關龍逢與比干二人修養自身之德，並以臣之位代君愛撫百姓，且違逆君王的意志，因此二人皆因修德而遭君王毒害之、殘殺之。二人因其「名」而遭殺身之禍，莊子以為關龍逢與比干為「好名者」。堯與禹亦因好「聖君」之名攻打他人之國，遂使他人之國成為廢墟，人民流離失所。凡此皆為「好名」之弊，聖人固難以承擔，更何況是一般人。

2. 劉鳳苞的詮釋

劉鳳苞注「且昔者桀殺關龍逢，紂殺王子比干」一段云：

> 代君憂民，憂必及之。語意沈痛奇險。〔註53〕（「以下拂其上者也」句下注）

> 臣有美名，君必相軋。〔註54〕（「是好名者也」句下注）

> 好名則賢臣見擠於暴君，爭求則聖人亦不堪其殘暴矣。仍是統結名、爭。〔註55〕（「名實者，聖人之所不能勝也」句下注）

就劉鳳苞之意，仍不脫莊子，強調「矜名德蕩」、「爭善知出」，而「德」、「知」

〔註52〕郭慶藩輯：《莊子集釋》，頁139。
〔註53〕劉鳳苞撰，方勇點校：《南華雪心編》，頁83。
〔註54〕劉鳳苞撰，方勇點校：《南華雪心編》，頁83。
〔註55〕劉鳳苞撰，方勇點校：《南華雪心編》，頁84。

一轉成為「凶器」，用之則難行於世，甚而及患〔註56〕。在前段寓言中，載許由云：「庖人雖不治庖，尸祝不越樽俎而代之」，人臣越俎代庖，等同於奪君王之名而用其權，終成賢臣美名，「君必相軋」，欲無患難矣，故言「代君憂民，憂必及之」。其中較為特別之處，在於劉鳳苞將「是好名者也」之「是」解作「是桀紂〔註57〕」。依莊子文意，將桀紂歸為「好名者」雖不違大意，但莊子本意當在批判關龍逄、比干二人越俎代庖、代君憂民，成其美名而引來殺身之禍，以此為好名之弊，故知「好名者」非必專指「桀紂」。而劉鳳苞所以如此說明，大抵是為維護儒家所推崇的賢者形象；然無論如何，其大意仍在總結好名、爭求之弊。而文後點評曰：

> 即如德與知本是好處，蕩乎名，出乎爭，則不能冥情應物，危機即伏其中。即德厚信矼，非以求名，名聞不爭，無所用知，而人君未信其中之無他，祇覺其言之逆耳，將謂炫己之長，暴君之短。……以火濟火，以水濟水，病日加增而其勢且不能自拔，逆之者固屬危機，順之者亦為苦境。甚矣哉，人間世之難也！桀紂無傴拊民人之德，而逄比修身以拊之，是代上受名，而大拂好名者之心；堯禹無力征經營之意，而暴人誅求以取之，是相爭無已，而遂蹈好爭者之禍。二者所以為凶器也。名實爭求，聖人且有所不能救，況以衛君之年壯行獨，其相軋相爭斷非藥石所能及，而謂汝敢輕試其危乎？〔註58〕（〈齊物論〉）

上文之意仍在說明「德」與「知」本內在修養，為正面義，然一旦「蕩乎名」、「出乎爭」，便引起人君之疑，「德」與「知」轉為「凶器」，患亦及之。又該如何能保有其正面義呢？劉鳳苞提出「冥情應物」之說。依其工夫論，「冥」字在化其迹，即化德、知之迹，并其用心之處一併化，則能虛以應物，德知之迹不入名、爭，自然與物相安無事。

　　合而言之，在「聖人无名」一語中，意味著「聖人」能夠超脫外在世俗之名聲，不以此為羈絆，故能無待逍遙。

〔註56〕劉鳳苞注云：「德本深藏，矜名則蕩。（『德蕩乎名』句下注）」、「知本在內，爭善則出。（『知出乎爭』句下注。）」、「名、爭。盡德盡知而行，難乎免於今之世矣。（『二者凶器，非所以盡行也』句下注）」，頁82。
〔註57〕劉鳳苞撰，方勇點校：《南華雪心編》，頁83。
〔註58〕劉鳳苞撰，方勇點校：《南華雪心編》，頁84～85。

（三）莫若以明

1. 莊子原旨

莊子論聖人時，除〈逍遙遊〉中「聖人无名」外，於〈齊物論〉中又論及「莫若以明」的概念。云：

> 物无非彼，物无非是。自彼則不見，自知則知之。故曰彼出於是，是亦因彼。彼是方生之說也。雖然，方生方死，方死方生；方可方不可，方不可方可；因是因非，因非因是。是以聖人不由，而照之於天，亦因是也。是亦彼也，彼亦是也。彼亦一是非，此亦一是非。果且有彼是乎哉？果且无彼是乎哉？彼是莫得其偶，謂之道樞。樞始得其環中，以應无窮。是亦一无窮，非亦一无窮也。故曰莫若以明。〔註59〕（〈齊物論〉）

本段旨在闡述「成心」之執著。一般人做判斷時，往往以個人主觀價值觀為準，凡同於己者為「是」，異於己者為「非」，故云「物无非彼，物无非是」。但凡由個人主觀之價值觀判斷事物，必然因成心之限而有所蒙蔽，久之便以「自我」為中心，於是判斷事物上有所偏執，甚而與他人形成對立。其實「彼、是」乃相互依恃、相互助長。此即如陶國璋云：「莊子是從世間的相對性，直下透悟是非之彼、此為一種互倚互持的結構，所以他透過詭辭辯證的方式，逐一剝落是非之對偶關係，直至達到無所差別的齊物境界。〔註60〕」而「方生方死，方死方生」一段，學者多就「死生變化」立論，如牟宗三即就「死、生」角度詮釋，以為是對客觀上剎那死、生作事實之論述〔註61〕。然若依全段文意在論「成心」之囿限，則「方生方死，方死方生」亦是在表達「彼」、「是」對立之分別心，往往時而升起、時而消逝，兩者不斷地循環，具有不確定性〔註62〕。

〔註59〕郭慶藩輯：《莊子集釋》，頁 66。

〔註60〕牟宗三講述，陶國璋整構：《莊子齊物論義理演析》（台北：書林出版公司，1999.4 一版），頁 71。

〔註61〕牟宗三云：「『彼是方生』的『生』就是死。生、死兩端站不住，生、死一樣。可與不可一樣。『方生』就是剛剛生。剛剛生就是剛剛死：剛剛死就是剛剛生。那麼，生、死這兩端不能成立。要說生，通通生：要說死，通通死。結果是無死無生。所以說『方生方死，方死方生』。牟宗三主講　盧雪崑記錄：〈莊子〈齊物論〉講演錄（四）〉，《鵝湖月刊》322 期（2002.4），頁 3。

〔註62〕王先謙云：「然其說隨生隨滅，隨滅隨生，浮游無定。郭以此言死生之變，非是。」《莊子集解》（北京：中華書局，1999.12），頁 14。周雅清云：「『方生方死』所欲表達者，乃指生命中，彼此對待的念頭，或彼此對待的分別，都是時起時滅、時滅時起。」〈齊物論〉詮釋及其疑義辨析〉，《中國學術年刊》第二

因此，若欲由「彼、是」對立關係之循環中脫離，必須「照之於天」、「莫若以明」，方能將你所肯定者肯定住、所否定者否定住。此「明」字，牟宗三釋之曰：

> 「明」這個地方就代表那個不隱蔽的道、不隱蔽的言。下面接著就把這個「明」烘托出來。這就是「齊物論」，就是把是非化掉。從「明」這個層次返過來就可以瞭解那個不隱蔽的道、不隱蔽的言。這就是莊子的思路。……「明」這個境界一定是在是非相對之外，是一個絕對的層次。絕對的層次就沒有是非的爭辯。〔註63〕

此「明」即為「不隱蔽的道、不隱蔽的言」，可化除「是、非」，不陷入「是、非」之相對結構中，是為一絕對之層次、境界。人若能「以明」待物，便可剝落成心之囿限，避免於與他人處於對立狀態。若非得講求「是、非」，則順「是」或「非」之路爭辯，便無窮無盡，永無休止，故謂「是亦一无窮，非亦一无窮也」。所以舉「道樞」，仍在言破除成心之囿限，必由「是、非」之偏執中超脫而出。

2. 劉鳳苞的詮釋

面對儒墨是非的爭辯，莊子以「莫若以明」應之，劉鳳苞釋「莫若以明」曰：

> 是不若渾吾說之是非而置之不辯，因彼說之是非而曉之以明，明者何？即道與言之本無所隱，而兩相忘於無言之境者也。〔註64〕（〈齊物論〉）

> 人己相對謂之物。無非彼之見存，則我無所用其辯也；無非此之見存，則彼亦無所用其辯也。……是以聖人不由是非之塗而與之辯論，惟照之於天，則因物付物之說也。「明」字如寶鏡懸空，纖微畢照；「因」字如紅鑪點雪，融化無痕。前段以「明」字結，此段以「因」字結，妙解圓通，真為上乘慧業。〔註65〕（〈齊物論〉）

按其意，若順著是非之途與儒墨之說相辯，則無盡期，故「莫若以明」。而「明」即「兩相忘於無言之境」，重點在「忘」。若能知形而上之道境本無形且不可言說，便知形而下的是非爭辯不過為受成心囿限所成之一偏之見，於是超越成心

十七期——秋季號（2005.9），頁32～33。

〔註63〕牟宗三主講 盧雪崑記錄：〈莊子〈齊物論〉講演錄（二）〉，《鵝湖月刊》320期（2002.2），頁8。

〔註64〕劉鳳苞撰，方勇點校：《南華雪心編》，頁34。

〔註65〕劉鳳苞撰，方勇點校：《南華雪心編》，頁35～36。

之限，以心之「明」應之。而劉鳳苞以「寶鏡懸空」喻心之「明」，主體生命處於此境時，萬物皆能於道的觀照下如其本然的存在，此時無是無非，自無成心的囿限。此境又可名之為「照之於天」，所謂「天」，注云：「天者，自然之明。」〔註66〕（「而照之於天」句下注），即「明」之境也。於此境界，便可「因物付物」，「因」即「因則不著是非之見，而面面玲瓏。」〔註67〕（「亦因是也」句下注），不著是非以應物，即超越成心囿限，物我無傷，自然是面面玲瓏。

（四）天鈞、兩行

1. 莊子原旨

莊子於〈齊物論〉中又論及「天鈞、兩行」的概念。云：

> 勞神明為一而不知其同也，謂之朝三。何謂朝三？狙公賦芧，曰：「朝三而暮四」，眾狙皆怒。曰：「然則朝四而暮三」，眾狙皆悅。名實未虧而喜怒為用，亦因是也。是以聖人和之以是非而休乎天鈞，是之謂兩行。〔註68〕（〈齊物論〉）

「天鈞」、「兩行」仍是在強調「成心」之囿限。所謂「朝三暮四」、「朝四暮三」，其實客觀之情況未變，然卻因本身偏執之情影響內在心境的平和，故云：「名實未虧而喜怒為用，亦因是也。」，其中隱含了「彼、是」之觀點，而人往往囿於「成心」之偏執，故聖人放下「是、非」之對立，不偏不倚，此即「天鈞」之意，亦即是「中道」。而「兩行」則指能超越彼此之對立，達彼亦可、此亦可的境界。而「天鈞、兩行」其意同於「道樞」，牟宗三云：

> 「聖人和之以是非，而休乎天鈞。」這是上文「彼是莫得其偶，謂之道樞。樞始得其環中，以應無窮。」的另一種說法，兩段文章意思一樣。……「天鈞」就是這個「樞」。「休乎天鈞」就是說，你要在「天鈞」那個地方停止，你處於環中才能應無窮。這樣講就是「是之謂兩行。」要不然不能「兩行」呀。〔註69〕

牟氏以為「天鈞、兩行」意同於「道樞」，而「天鈞」即是「樞」，凡欲止息「彼、是」之爭，唯有停留於「天鈞」、「道樞」，「兩行」乃道樞之具體呈現。總而言之，「天鈞」、「兩行」兼具「消融義」、「實踐義」、「歷程義」，能相融「彼、是」

〔註66〕劉鳳苞撰，方勇點校：《南華雪心編》，頁35。
〔註67〕劉鳳苞撰，方勇點校：《南華雪心編》，頁35。
〔註68〕郭慶藩輯：《莊子集釋》，頁70。
〔註69〕牟宗三主講盧雪崑記錄：〈莊子〈齊物論〉講演錄（六）（七）〉，《鵝湖月刊》324期（2002.6），頁3。

之爭辯，剝落成心的偏執，化除人我對立〔註70〕。

2. 劉鳳苞的詮釋

劉鳳苞對「天鈞」、「兩行」一文，注云：

> 有心為一，另是一種病根。〔註71〕（「勞神明為一」句下注）

> 同於不一。〔註72〕（「而不知其同也」句下注）

> 一顛倒間，而喜怒為人所用，與勞心為一者，其勞等耳。舍彼取此，何異眾狙！〔註73〕（「名實未虧而喜怒為用」句下注）

> 「是」字，指勞心為一。因是而知其同於不一，不一者既因而化之，並將知通為一的心亦並掃空，更妙於因。〔註74〕（「亦因是也」句下注）

> 和者，兩得其平，同歸於化，即因是因非也。〔註75〕（「是以聖人和之以是非」句下注）

> 均是非而任其兩行。〔註76〕（「是之謂兩行」句下注）

若能超越是非成見，無心以應物，則知道通為「一」。然若「有心」去求一，就劉鳳苞而言，亦是一種病根。故其特別強調「並將知通為一的心亦並掃空」，除要化除「是非」之成心，並其「知通為一」的「有心」一齊化掉，直至自然而然，此即為「天鈞」，而以此化境之「天鈞」應物，則為「兩行」。其說法正合於牟宗三所言，具有「消融義」、「實踐義」、「歷程義」。而文後的點評曰：

> 此段又轉出勞心為一之人，切指其弊。道通為一，因之妙也，已而不知其然，並此道通為一之心而化之，又是分外一至微至密之因。若夫勞神明為一，而不知其同於不一，猶之朝四暮三者之轉怒為喜，而不知名實未虧，仍同於朝三暮四，勞勞以為之，何益也？達者因物而通為一，亦因是而不知其然，因之用神矣哉！聖人和之以是非，不過因物付物，至休乎天鈞，則純任自然，均是非而使之兩化者，

〔註70〕陶國璋云：「所以天鈞或兩行是消融義，是實踐義，亦是歷程義；動態地兼融於經驗的對偶而反顯的無相境界。」《莊子齊物論義理演析》，頁105。

〔註71〕劉鳳苞撰，方勇點校：《南華雪心編》，頁39。

〔註72〕劉鳳苞撰，方勇點校：《南華雪心編》，頁39。

〔註73〕劉鳳苞撰，方勇點校：《南華雪心編》，頁40。

〔註74〕劉鳳苞撰，方勇點校：《南華雪心編》，頁40。

〔註75〕劉鳳苞撰，方勇點校：《南華雪心編》，頁40。

〔註76〕劉鳳苞撰，方勇點校：《南華雪心編》，頁40。

　　　　即使之兩行，則得其環中之妙也。〔註77〕（〈齊物論〉）
點評內容，重申天鈞、兩行之意，仍在強調「一」與「不一」於天鈞下是相同
的，而欲至此境先化「是非之心」，再化「道通為一之心」，直至「純任自然」，
此時應物則可順物之是非而行，此為「兩行」，亦「道樞」之境。

（五）聖人治外乎

1. 莊子原旨

　　〈齊物論〉中論及「聖人」，多涉及意念造作的人生困境，旨在化解成心
的圍限，以求達物我、人我之不傷。除此之外，〈應帝王〉中亦言及聖人執政
時所應採取的態度及對應方法，云：

> 肩吾見狂接輿。狂接輿曰：「日中始何以語女？」肩吾曰：「告我：
> 君人者以己出經式義度，人孰敢不聽而化諸！」狂接輿曰：「是欺德
> 也；其於治天下也，猶涉海鑿河而使蚊負山也。夫聖人之治也，治
> 外乎？正而後行，確乎能其事者而已矣。且鳥高飛以避矰弋之害，
> 鼸鼠深穴乎神丘之下以避熏鑿之患，而曾二蟲之無知！」〔註78〕（〈應
> 帝王〉）

日中始所謂「君人者以己出經式義度，人孰不敢聽而化諸」，人君憑一己之私
意制訂政令教條，百姓畏懼刑罰，不得不遵從，此應屬儒家仁義禮樂之治。狂
接輿以此為「欺德」，國君若完全憑藉一己之私意立定禮法，約束人民，忽視
了人民內在之本性，則此「經式義度」必然會束縛個體之生命，於此狀態下卻
妄想治平天下，則如「涉海鑿河而使蚊負山」。唯能「正而後行，確乎能其事
者而已矣。」方有可能，端正生命之內的事，確定其所能為，此即是正己之性，
使其合於性分，按郭象注云：「各正性命之分也」、「不為其所不能」〔註79〕。
成玄英疏云：「順其正性而後行化」、「順其實性，於事有能者，因而任之，此
於分內，不論於外者也。」〔註80〕皆強調聖人之治應以「治內」為要，即順應
人民內在生命之本然真性而施行治道。易言之，聖人若順應人民內在生命的本
然真性而治之，便可避免依禮法仁義為準之弊。與此同時，聖人自身之生命亦
應與道化合，方能進一步以道化合天下。

〔註77〕劉鳳苞撰，方勇點校：《南華雪心編》，頁40。
〔註78〕郭慶藩：《莊子集釋》，頁289～291。
〔註79〕郭慶藩：《莊子集釋》，頁291。
〔註80〕郭慶藩：《莊子集釋》，頁291。

2. 劉鳳苞的詮釋

劉鳳苞注解本段時，更動了莊子的句逗，改為「告我：君人者，以己出經，式義度人，孰敢不聽而化諸！」並注云：

> 經常之道由己出，有己之見存矣。〔註81〕（「以己出經」句下注）
>
> 用義以裁度眾人，有人之見存矣。〔註82〕（「式義度人」句下注）
>
> 三句是述所告之語，病在「以己出」、「孰敢不」六字。〔註83〕（「孰敢不聽而化諸」句下注）
>
> 正其身而後行，何必治之於外。〔註84〕（「正而後行」句下注）
>
> 不強人以所難能。〔註85〕（「確乎能其事者而已矣」句下注）
>
> 微物尚知避害，豈人反無知，可以欺德驅之乎？〔註86〕（「且鳥高飛以避矰弋之害，鼷鼠深穴乎神丘之下以避熏鑿之患，而曾二蟲之無知」句下注）

由其注文觀之，皆在反對「聖人之治，治外」。由己出的經常之道，存有自身主觀的價值意識，故謂「有己之見存」。「義」為多數人價值意識所認可的行為標準，固「有人之見存」。然不論何者，皆忽略了主體的自然本性，因而君王以此治國自然為「治外」。人民為避禍，自是貌恭而心不服，故是「欺德」。因而聖人治天下要在「治內」，於自身「正其身而後行」，對百姓則「不強人以所難能」，即順應人民之內在生命的本然真性而行其治道。劉鳳苞所論，無異於莊子言，其於文後點評曰：

> 二段引接輿之言，以「欺德」二字抉出治天下病根。「正而後行」二句，極有精神，盡己之當為而無心於成化，任德之所至而自斂其神功。一切出經式義，操之於己而不勝其繁重，責之於民而相避於文法，民之畏此思逃，如鳥之高飛，鼠之深穴，是相率而為欺也。治天下者治以神，則順而易達、輕而易舉，治以迹則徒勞罔效。〔註87〕（〈應帝王〉）

〔註81〕劉鳳苞撰，方勇點校：《南華雪心編》，頁190。
〔註82〕劉鳳苞撰，方勇點校：《南華雪心編》，頁190。
〔註83〕劉鳳苞撰，方勇點校：《南華雪心編》，頁190。
〔註84〕劉鳳苞撰，方勇點校：《南華雪心編》，頁190。
〔註85〕劉鳳苞撰，方勇點校：《南華雪心編》，頁190。
〔註86〕劉鳳苞撰，方勇點校：《南華雪心編》，頁191。
〔註87〕劉鳳苞撰，方勇點校：《南華雪心編》，頁191。

點評中以「治以神」與「治以迹」總結聖人之治。所謂「治以神」，即「盡己之當為而無心於成化，任德之所至而自斂其神功」，能「無心」成化，則百姓「任德」而生，終收其「神功」。所以「神」，即在於無心成物，萬物於聖人的觀照下順其內在自然本性生化，此亦「治內」。而「治以迹」，則是忽略了百姓內在的自然之性，強以外在的價值標準約束百姓，則百姓為避禍而貌恭然心不服，此為「治外」，是「欺德」也。劉鳳苞以「治以神」與「治以迹」詮釋此文，發莊子所未言。

（六）聖人亡國而不失人心

1. 莊子原旨

對於聖人之治，〈大宗師〉又云：

> 故聖人之用兵也，亡國而不失人心；利澤施乎萬世，不為愛人。〔註88〕（〈大宗師〉）

所謂「亡國而不失人心」，按郭象注云：「因人心之所欲亡而亡之，故不失人心也。」〔註89〕人民所欲如何，聖人則從之，此正如上文所謂順人民而行。而所謂「利澤施乎萬世，不為愛人」，則表示聖人之治天下也，若陽光照物，無所偏頗。總言之，聖人之治即在於對他人本然真性的啟發，而由此人人皆可開顯其內在生命之本然狀態。

「聖人」於《莊子》中出現極為頻繁，其意涵亦特別豐富。若順「聖人无名」一語詮釋，則表達了聖人超脫於世俗之名聲地位，不為外在價值觀影響內在心境之平和。然「外、雜篇」之「聖人」又是在對治「意念的造作」，以求「天鈞」、「兩行」之境界。而又有一部份之「聖人」說明了治平天下之法。

2. 劉鳳苞的詮釋

劉鳳苞於「聖人之用兵也，亡國而不失人心」點評曰：

> 以下皆就「心忘」句正面發揮，反面攻透，警快絕倫。……怒則亡人之國，肅殺同於秋令，而天下不以為私怒；喜則澤被萬世，溫和比於陽春，而天下不以為私喜。〔註90〕（〈大宗師〉）

依注文，本段在說明「心忘」，即忘其偏頗之心。聖人的喜怒哀樂不為外在環境所影響，其心情正如四季般自然地呈現，並無任何的偏頗及喜好。而此說法

〔註88〕郭慶藩輯：《莊子集釋》，頁232。

〔註89〕郭慶藩輯：《莊子集釋》，頁232。

〔註90〕劉鳳苞撰，方勇點校：《南華雪心編》，頁145。

與莊子相同。

四、真人——天與人不相勝

（一）不逆寡，不雄成，不謨士

1. 莊子原旨

內篇中對「真人」之論述，集中於〈大宗師〉一篇，大抵可分作四大段：

> 古之真人，不逆寡，不雄成，不謨士。若然者，過而弗悔，當而不
> 自得也。若然者，登高不慄，入水不濡，入火不熱。是知之能登假
> 於道者也若此。〔註91〕（〈大宗師〉）

就第一段而言，所謂「逆寡、雄成、謨士」，皆起於人後起的「心知」，此「心知」非得之於天的「真知〔註92〕」，為後起的「成心」，而真人不以其「真知」凌駕寡者；功成之際，不會自恃其功，更不會處心積慮地行事。「過而弗悔」之「悔」字，是以「是非利害」為說〔註93〕，常人之病即在於選擇時往往悔其所選，更有進者以自己之所是，非議他人所是。「當而不自得」則指真人不以其行得當而自得，此亦源於人之心知對其所得而自得，因而有所黏滯，因而阻礙當下生命心知的流行。唯真人有所「過、當」時，不會「悔、得」，因真人不會以得失擾心，此即郭象注所謂「直自全當而無過耳，非以得失經心者也。」〔註94〕。

2. 劉鳳苞的詮釋

劉鳳苞謂「真人則渾天人為一，遊於物之所不得遯而皆存，萬事萬物未始出吾宗也。〔註95〕」。真人能「渾天人為一」，顯見真人為體道者，能夠泯合天人之別而一於道，其主體生命境界能遍照萬物，故云「遊於物之所不得遯而皆存」，又能觀照萬物，故云「萬事萬物未始出吾宗也」。而真人生命境界的具體

〔註91〕郭慶藩輯：《莊子集釋》，頁 226。
〔註92〕陳鼓應云：「先有『真人』的開放心靈、開闊視野、超脫心胸，才能培養『真知』。這『真知』是能知主體透過他對宇宙、人生的深刻體驗後所表現出來的。可見，莊子所謂的『知』，乃是主體性之知。何謂『真知』？莊子所謂的「真知」，是要了解萬物變化流轉的真象——要洞察萬物的變化（〈至樂〉篇所說的「觀化」），在大化流行中安於所化（「安化」）；並且還要了解人在自然界所處的地位：人和自然是不可分割的整體，人與自然是親和的關係。」《老莊新論》（台北：五南圖書出版股份有限公司，2007.2 三版），頁 188。
〔註93〕唐君毅云：「專指一種常人所恆有之本今日是與利為標準，以悔其過往之所為之悔。」唐君毅：《中國哲學原論·原道篇弍》，頁 385。
〔註94〕郭慶藩：《莊子集釋》，頁 227。
〔註95〕劉鳳苞撰，方勇點校：《南華雪心編》，頁 135～136。

內容又為何呢？其於「古之真人，不逆寡，不雄成，不謨士」段後評曰：

> 開手天、人平提，知天、知人分承。知天只用「天而生」一句輕輕
> 遞過。下五句均解知人之所為，為導引延年者暗暗鍼對。大宗師非
> 必屏除人事，而人事仍祇率其天然，天人一致，方是真知，方是真
> 人。若欲以人力貪圖長生，則必誤天為人，誤人為天，患莫大焉！
> 「庸詎知」三字，參用活筆，將上面數「知」字一齊擺脫，超妙入
> 神。隨用真人、真知標出盧山面目，青峭摩空。以下連點真人，處
> 處從真人勘透真知，全是天然體道工夫，人事之知，一毫不用。〔註
> 96〕（〈大宗師〉）

引文中說了何謂「真知」，劉鳳苞以為並非一定要「屏除人事」，即「人為」，
僅需讓人事「率其天然」，即人事合乎天然，順道而行，達天人合一，此亦為
「真人」。然「真知」不可見，「真人」卻可得而見之，故世人透過真人而後知
有「真知」，故云「且有真人，而後有真知」、「處處從真人勘透真知」。而「真
知」皆「天然體道」的工夫，非一般形而下事理界的知識之「知」，故人事之
知無所用於其間。就劉鳳苞工夫論中的概念，此「人事」當指儒家的「仁義」，
而所以能「率其天然」，方法亦如前所述「泯其仁義之迹」，即透過「不逆寡，
不雄成，不謨士」〔註97〕泯去人為之迹，達物我相忘之境。莊子於此節當中，
偏重在說明「真知」，而劉鳳苞則在說明「真知」與「人事」間之關聯，並進
一步表示讓人事「率其天然」，即是「真知」。

（二）其寢不夢，其覺无憂

1. 莊子原旨

> 古之真人，其寢不夢，其覺无憂，其食不甘，其息深深。真人之息
> 以踵，眾人之息以喉。屈服者，其嗌言若哇。其耆欲深者，其天機
> 淺〔註98〕。（〈大宗師〉）

第二段自真人起居生活，見證真人精神生命。「其寢不夢」，真人所以「不夢」，
乃因其無意想；「其覺无憂」是指真人隨遇而安，故無所憂患；「其食不甘」意
謂真人不滯溺於感官的享受，故不甘。此三者，皆起於人慾望上的貪念，然此
並非表示真人無欲無求，其僅是順天而行而不有所陷溺。此外，真人之息異於

〔註96〕劉鳳苞撰，方勇點校：《南華雪心編》，頁 140～141。
〔註97〕劉鳳苞注云：「『不逆寡』三句，正是物我相忘，屏去事為之迹。」，頁 141。
〔註98〕郭慶藩：《莊子集釋》，頁 228。

一般人，真人心境平和，其氣可至於腳跟，而一般人隨事物之變而影響其心，故未若真人之心境平和，其氣息亦混亂。最後，再次強調人之嗜欲為後天所起，一般人若陷溺於嗜欲中，便會失去超越的機會，而真人則能超越之，順天而行。

2. 劉鳳苞的詮釋

劉鳳苞於「古之真人，其寢不夢，其覺无憂」段後評曰：

> 接手再提真人，一氣磅礴，直貫到「莫知其極」句，筆力雄大，文心亦直湊單微。「寢不夢」以下，連用四箇「其」字，拋甎落地，聽之有聲。上三句歸併在「其息深深」句，惟息之深，乃有此三者意境。「息以踵」三字，體會入微，乃聖賢直養無害，靜深有本詣力，養生家專以此為導引工夫，與真人修身凝命之旨有何關涉？「息以喉」三句，不過反襯上文，極寫其浮淺易盡，不能引而下之，退藏於密也。「嗌言若哇」，又承「眾人」句引證一層，發明息之未深，理屈則氣不能伸，詞窮則氣不能達。嗌者聲之入，而若有所拒；言者聲之出，而若有所留，吞吐止在喉間，以「哇」字形容極妙。嗜欲深由於天機淺，反對「其息深深」句，精粹語可當清夜鐘聲。〔註99〕（〈大宗師〉）

劉鳳苞注解此段，先說明當「其息深深」時便可達「其寢不夢，其覺无憂，其食不甘」的境界，即「無意想、無得喪、無嗜慾」便可「無浮擾」〔註100〕，不為外在事物所影響。養生家將此視為養生導引的方法，但其實是真人達理想生命境界時的修身凝命工夫，故云：「養生家專以此為導引工夫，與真人修身凝命之旨有何關涉」。但劉鳳苞注解「息以踵」時卻說：「『息以踵』三字，體會入微，乃聖賢直養無害」，將孟子「以直養無害」的工夫論融入真人的心性，即真人的性中收攝了孟子的「仁義之性」，此又異於莊子之說。

（三）不知說生，不知惡死

1. 莊子原旨

> 古之真人，不知說生，不知惡死；其出不訢，其入不距；翛然而往，翛然而來而已矣。不忘其所始，不求其所終；受而喜之，忘而復之，

〔註99〕劉鳳苞撰，方勇點校：《南華雪心編》，頁142。

〔註100〕劉鳳苞注云：「無意想也。（「其寢不夢」句下注）」、「無得喪也。（「其覺无憂」句下注）」、「無嗜慾也。（「其食不甘」句下注）」、「無浮擾也。（「其息深深」句下注）」，頁141。

是之謂不以心捐道，不以人助天。是之謂真人。若然者，其心志，
其容寂，其顙頯；淒然似秋，煖然似春，喜怒通四時，與物有宜而
莫知其極。〔註101〕（〈大宗師〉）

第三段乃就真人面對死亡之態度而言。真人並無「悅生惡死」之情，應時而生，
應時而死，視死生為自然的變化，故能以順應自然之心看待生死，超越對死生
的成見。「不忘其所始，不求其所終」，乃表示真人對於死生之變化，皆忘之矣，
全然順任自然生命之流行，隨遇而適。故下云「受而喜之，忘而復之」，對於
生之有，真人正面受之。除順受之外，更忘其現有之生，然後復返其原，始能
不忘其所自始〔註102〕。最後便能夠達「不以心捐道」、「不以人助天」之真人
境界。而後文中的「其心志」，或可作「其心忘」，林明照云：

「心忘」表現在真人之真心能如實明顯外物，故而與物相接時，靈
明之一心蓋皆物物真貌之顯；真心既明顯外物，其意即能容受外物，
則真人以真心顯物，是物來即應，亦不知有物也，「不知」即是「忘」，
故是「心忘」。〔註103〕

強調了「忘」即是「不知」，不知有物非真不知道，其實是真人以真心應物，
則萬物皆能如實地顯現，故知「忘」、「不知」為工夫義。而「容寂」、「顙頯」
等句又該如何理解呢？林明照云：

「容寂」、「顙頯」是真人之容，然亦是內在精神境界之顯。真人若
無真心以成就淳和精神內涵之「德」，則亦難有寂靜安閑與寬大之容。
而「淒然似秋」、「煖然似春」非就心緒言，此是真人理想人格之兩
面說而呼應其後文，真人應物不傷物，能順化應時，而內心又淳和，
故以煖若春陽喻之，並言及「與物有宜」也；且理想之人格「外化
而內不化」，「內不化」是真心與其所成就之真性與真德，此不移於
外物，而持之以固之真我，確實儼然若秋天嚴肅之態。〔註104〕

依其之說，「容寂」、「顙頯」是真人寂靜安閑與寬大的內在精神境界。「淒然似

〔註101〕郭慶藩輯：《莊子集釋》，頁229～231。

〔註102〕唐君毅云：「于生之正有，即唯當正面受之，然亦不當只順此生之正有者，以
　　　　向于其未來；更當自忘其現有之生，以復返于其原，然後能不忘其所自始。」
　　　　唐君毅：《中國哲學原論·原道篇弍》，頁391。

〔註103〕林明照：《莊子「真」的思想探析》（台北：台灣大學哲學研究所碩士論文，
　　　　陳鼓應先生指導，2000.6），頁85。

〔註104〕林明照：《莊子「真」的思想探析》，頁85。

秋」在說明真人「外化而內不化」,「煖然似春」則在說明真人能順化應時,應物不傷。換言之,「心志、容寂、顙頯、淒然似秋、煖然似春」,真人忘心一切、容貌安閒寂靜、頭額寬大、嚴肅時似秋天、溫暖時又似春天,皆在表達真人生命情調在於隨順自然,最後達「與物有宜而莫知其極」的境界,無心無情於萬物,而能與萬物相冥合、相諧,又因其無心無情,萬物亦無從得知真人境界之極。

2. 劉鳳苞的詮釋

劉鳳苞於「古之真人,不知說生,不知惡死」注云:

> 兩「不知」妙,忘生死也。〔註105〕「(不知說生,不知惡死」句下注)
>
> 以無始為始,則真宰常存。〔註106〕(「不忘其所始」句下注)
>
> 無始則無終,何用逆計。〔註107〕(「不求其所終」句下注)
>
> 死有自往,忘之則歸根復命,還其本無之天。〔註108〕(「忘而復之」句下注)

本段中,劉鳳苞的注解大抵承襲莊子,以為真人以「無始」為始,既然「無始」,則「無終」,活著時不需惦念著死,因為死不過歸根復命,返回其本然的狀態,而「真宰」存乎其間。易言之,真人能超越生死,故不以生死為念,一切順天而行。而劉鳳苞又於段後評曰:

> 再提真人,愈唱愈高,迴非尋常意境。「不知說生」二句,能外死生也。「其出不忻」二句,出神入化,不以死生為欣戚也。儵往、儵來二句,空所依傍,直以死生為坦途也。不忘其最初之理而常保天和,不求為延年之術而妄希後福;授之生而自暢其天,完其形者即完其理,忘乎死而復返於初,全而授者亦全而歸。「不以心損道」,即孟子所謂「勿忘」;「不以人助天」,即孟子所謂「勿助」。〔註109〕

文後的評論,基本上無異於上段所述。但劉鳳苞卻將《莊子》「以心捐道」改作「以心損道」,並認為「不以心損道」是孟子的「勿忘」;「不以人助天」是

〔註105〕劉鳳苞撰,方勇點校:《南華雪心編》,頁142。

〔註106〕劉鳳苞撰,方勇點校:《南華雪心編》,頁142。

〔註107〕劉鳳苞撰,方勇點校:《南華雪心編》,頁142。

〔註108〕劉鳳苞撰,方勇點校:《南華雪心編》,頁142。

〔註109〕劉鳳苞撰,方勇點校:《南華雪心編》,頁143。

孟子的「勿助」。孟子論「浩然之氣」時云：

> 曰：「難言也。其為氣也至大至剛，以直養而無害，則塞于天地之間。其為氣也配義與道，無是餒也。是集義所生者，非義襲而取之也。行有不慊於心則餒矣。我故曰：告子未嘗知義。以其外之也。必有事焉而勿正，心勿忘，勿助長也。無若宋人然。宋人有閔其苗之不長而揠之者，芒芒然歸，謂其人曰：『今日病矣，予助苗長矣。』其子趨而往視之，苗則槁矣。天下之不助苗長者寡矣。以為無益而舍之者，不耘苗者也。助之長者，揠苗者也，非徒無益，而又害之。」〔註110〕

孟子以「宋人揠苗助長」之例，說明培養浩然之氣是「集義所生者，非義襲而取之」，即必須循序漸進且持之以恆的實踐仁義，並非偶然間實踐仁義便可得。否則便會如宋人憐憫其苗不長，遂藉由人力拉拔它，反而造成苗的枯槁。而培養浩然之氣的方法，根源於儒家的道德意識，與莊子以「道」為根底的思想截然不同。於此又可明顯看出，劉鳳苞注《莊》時的工夫論，融入儒家道德實踐的痕跡。

（四）其狀義而不朋，若不足而不承

1. 莊子原旨

> 古之真人，其狀義而不朋，若不足而不承；與乎其觚而不堅也，張乎其虛而不華也；邴邴乎其似喜乎！崔乎其不得已乎！滀乎進我色也，與乎止我德也；厲乎其似世乎！警乎其未可制也；連乎其似好閉也，悗乎忘其言也。以刑為體，以禮為翼，以知為時，以德為循。以刑為體者，綽乎其殺也；以禮為翼者，所以行於世也；以知為時者，不得已於事也；以德為循者，言其與有足者至於丘也，而人真以為勤行者也。故其好之也一，其弗好之也一，其一也一，其不一也一。其一與天為徒，其不一與人為徒。天與人不相勝也，是之謂真人。〔註111〕（〈大宗師〉）

上面引文，要在言真人接世之態度及氣象。真人與世人相接，乃為「天人不相勝」的具體圓融之境。真人接世，無論其「好」或「不好」，皆無心以順之，因真人深知「好、惡」之情乃出自後天的情感，無論「一」或「不一」，真人

〔註110〕阮元：《孟子》，頁53。
〔註111〕郭慶藩輯：《莊子集釋》，234～235。

均等同視之，故可達天人相契合之境界〔註112〕。此外，牟宗三亦以為，無論「好」或「弗好」皆是「迹」，當其好，能冥而不滯於好，弗好而能冥不滯於弗好，即迹冥圓融時，便能不失其一，不失其生命之灑脫與自在〔註113〕。

〈大宗師〉中對於真人的論述共見於上四段，循此四段引文看來，乃是由內而外逐漸擴大、深入，而達「天與人不相勝」之境，如此似可謂其有一工夫與境界之層次昇進而言。其實此四段原文僅是對真人不同角度之描述，而非層次之高下。所以會以為此四段有層次之昇進，乃是誤將「言說次序」視作「價值次序」。〔註114〕蓋言說之時不得不有先後之順序，而莊子由內而外之論說順序不必為價值次序。

綜而言之，上述四段對真人的論述即為「墮肢體，黜聰明，離形去知，同於大通。」之「坐忘」工夫，藉由「坐忘」剝落人對形軀、心知之執，而超越形軀及心知之限制，與物相感通，交互作用，達到與大道通而為一的境界。

2. 劉鳳苞的詮釋

劉鳳苞於「以刑為體」下注云：

> 不得已而用刑，治之本體如是，非我為之，蓋春生秋殺皆循乎天道之自然者也。〔註115〕（「以刑為體」句下注）
>
> 禮者自然之羽翼。〔註116〕（「以禮為翼」句下注）
>
> 知者，因時之妙用，不自作聰明。〔註117〕（「以知為時」句下注）
>
> 德者，祇率其天然，而無煩趨促。〔註118〕（「以德為循」句下注）
>
> 上文如許工夫，真人祇若行所無事，而不知者真以為勤於行，豈知其毫未以己與乎！〔註119〕（「而人真以為勤行者也」句下注）

〔註112〕陳德和云：「『天人的契合為一』誠是真人的最佳寫照。然天人之所以尚待契合為一，正是預告了天人之分隔。換言之，凡真人之圓化天人、兩忘其道，都得先有一段天人之對立，筆者因此敢說『從天人的超越區分到辯證融合』是人格理想極成圓現之共同型模。〈畸人與真人——莊子大宗師的超越性和圓融性〉，《鵝湖月刊》219期（1993.9），頁53。

〔註113〕牟宗三：《圓善論》，（台北：學生書局，1996.4），頁283。

〔註114〕高柏園：《莊子內七篇思想研究》（台北：文津出版社，2000.5初版二刷），頁182。

〔註115〕劉鳳苞撰，方勇點校：《南華雪心編》，頁147。

〔註116〕劉鳳苞撰，方勇點校：《南華雪心編》，頁147。

〔註117〕劉鳳苞撰，方勇點校：《南華雪心編》，頁147。

〔註118〕劉鳳苞撰，方勇點校：《南華雪心編》，頁147。

〔註119〕劉鳳苞撰，方勇點校：《南華雪心編》，頁148。

劉鳳苞注解「以刑為體，以禮為翼，以德為循」時，往往以「循乎天道之自然者也」、「自然之羽翼」、「祇率其天然」說明，強調了真人應世順隨自然而行的重要。注解「以知為時」時，則強調了「因時」，即順時而行的重要。而真人的這些工夫，其實不過隨順自然、應時而變，故謂之「行所無事」，但一般人卻以為真人汲汲於此。故劉鳳苞於文後評曰：

> 綽乎其殺，刑之體也，故嚴凝同於造化，而應以無心；無翼而飛，禮之用也，故履蹈協於中和，而渾然無迹；因時制宜，和之妙於應事也，故經綸遍天下，而不自以為功；循途而至，德之進於高明也，故安勉縱殊趨，而同歸於一致。句句須還他實際，乃為真知，……真人行所無事，何嘗有刻苦之功？而人真以為勤行，則亦求之於迹象而已。勤行者未即與天為一，真人則合漠通微，游乎天地之一氣。
> 〔註120〕（〈大宗師〉）

所以「以刑為體」，因而「應以無心」；「無心」即是「循乎天道之自然者」；「以禮為用」，因而「渾然無迹」；「以知為時」，因而「不自以為功」；「以德為循」，因而「同歸於一致」。一般人以為真人勤於此工夫，其實不過見真人之迹。真人能夠透過氣，與天相合而遊於天地之間。

第二節　理想人格間的關聯

　　上節中，已說明莊子與劉鳳苞對「聖人、神人、至人、真人」的詮釋，但在他們的思想中，不同稱謂的體道者間又有何關聯呢？以下將作進一步分析：

一、莊子原旨

　　莊子對於體道者，分別以聖人、神人、至人、真人等不同稱謂稱呼，於上節中已針對四者之工夫與境界論說。但依莊子思想，逍遙境界僅有一種，而藉以達至逍遙的工夫為「心齋」、「坐忘」。易言之，主體生命藉由「心齋」與「坐忘」工夫所達的「逍遙」境界皆同，但對於體道者為何卻有不同的稱謂呢？本節進一步探討這四種稱謂間的關聯。歷來學者說法不一，概括言之，大抵可分作三類：

〔註120〕劉鳳苞撰，方勇點校：《南華雪心編》，頁149～150。

（一）同一說

持「同一說」者，以為不同理想人格的稱謂，指的是相同的生命境界，僅是功用或生命形態不同。如成玄英於「至人无己，神人无功，聖人无名」下疏云：

> 至言其體，神言其用，聖言其名。故就體語至，就用語神，就名語聖，其實一也。詣於靈極，故謂之至；陰陽不測，故謂之神；正名百物，故謂之聖也。一人之上，其有此三，欲顯功用名殊，故有三人之別。〔註121〕

成玄英由「功用」角度區分出「至人、神人、聖人」三種不同的體道者名稱，而三者則分別代表「體、用、名」三種不同之面向，雖異名，但三者所指皆為逍遙境界，故言「其實一也」。易言之，至人、神人、聖人，所指的是同一個生命境界，三者間並無層次高低之別，所以區別出三者，目的是為了顯其「體、用、名」不同之面向。此外，牟宗三亦云：

> 道家以聖人無名，至人無己，神人無功並列（〈逍遙遊〉）。三者實非等位差別，而是生命形態的不同表現。至人所達的無己境界，是渾忘物我，無彼是對立依待；神人所達的無功，是妙用無方，天機自張，運任於自然，功化顯渾化的道術，在去礙的觀照下，一切浮動止息。至於聖人無名，郭象注謂：「聖人者，物得性之名耳，為足以名其所以得也。」意指聖人博物羣分，使物因其性而得恰當之名，但無以名位榮耀加諸聖人，故聖人得無名之名。〔註122〕

牟宗三首先強調了「無名之聖人」、「無己之至人」與「無功之神人」並列，進一步強調三者僅是「生命形態」的不同表現，並非等位差別。最後具體說明三人的生命形態區別。

（二）層次說

持「層次說」者，以為「至人」、「神人」、「聖人」、「真人」四者間有高低層次之別，如吳怡云：

> 在《莊子》書中，真人、至人、神人，是同一層次的理想人物，而聖人則稍低一層次。〔註123〕

〔註121〕郭慶藩：《莊子集釋》，頁22。
〔註122〕牟宗三講述，陶國璋整理：《莊子齊物論義理演析》，頁159～160。
〔註123〕吳怡：《新譯莊子內篇解義》（台北：三民書局，2004），頁245～246。

吳怡即認為聖人之層次低於「真人、至人、神人」。

　　《莊子》中，理想人格間所以產生歧異，甚而對立，崔大華以為，是「《莊子》一書絕非成於一時一人之手」所引起。其言云：

> 這一矛盾不是二律背反的理性思辨性質的矛盾，而是一種客觀地存在於《莊子》中的兩種理論事實之間的矛盾，它是莊子學派或莊子思想在先秦的歷史發展中前後期理論觀點發生演變的反映，在這裡存在著可以清晰地分辨莊子和他的後學在思想上差異的兩個判別點：境界的如何劃分和「聖人」是否屬於最高境界。〔註124〕

崔氏以為《莊子》一書乃是莊子及其後學所寫成，藉由對理想人格間之關聯認定的矛盾，可表現莊學一派前後期理論觀點的差異，並凸顯出其判準點在「境界的如何劃分」與「聖人是否屬於最高境界」二點上。而「同一說」反映了莊子學派早期，亦即莊子本人的思想，其言云：

> 第一，「聖人」本來是儒家思想中的一個人格概念，……「聖人」是儒家倫理道德思想中最高的道德境界。莊子把它借移過來，加以改造（「聖人无名」），成為自己人生哲學思想中具有和「至人」、「神人」同義的理想人格。這一情況正反映了早期莊學和儒學的關係，即一方面把它作為批評對象，另一方面又常以它為理論背景和觀念淵源。
> 第二，莊子也正是把人的精神境界分為兩種：無待和有待。〔註125〕

崔氏以為莊子借用儒家之「聖人」，並將其與至人、真人等理想人格並列，共同指向一超越人生困境、超越世俗的精神境界。而此現象正反映了早期的莊學與儒學處於「相互對立」又「相互影響」的關係上。此外，不同稱謂的理想人格既然精神境界、層次相同，則人的精神境界僅分作「有待」、「無待」兩類，即「理想人格」與「眾人」之別。

　　至於「不同說」，則可能是先秦莊學後期，即莊子後學的觀點。其云：

> 第一，在莊學後期，莊學有了自己的觀念體系，莊學和儒學在理論上除了開始有相互影響的關係外，相互對立的關係顯然是主要的，莊子後學把自己觀念體系中的理想人格（「神人」、「至人」、「天人」、「全人」）置於儒家理想人格（「聖人」）之上，也是很自然的了。第二，如後面還要論及的那樣，後期莊學具有明顯的入俗傾向，這種

〔註124〕崔大華：《莊學研究》（北京：人民出版社，1992），頁154。
〔註125〕崔大華《莊學研究》，頁154～155。

生活態度的改變，使後期莊學不再簡單地把人生境界分為「無待—有待」，即「聖人—眾人」兩種境界，而是具體地審視和描述了人世各種不同的生活情境或生活方式，認為它們一方面是各自獨立的精神境界，另一方面又共同構成了多層次的人生精神環境。〔註126〕

崔氏標舉出兩點，首先以為，莊學後期有自己之觀念體系，並將其體系中的理想人格「神人、至人、真人」等凌駕於儒家的理想人格「聖人」之上。此外，後期莊學因具明顯之入俗傾向，故具體地審視和描述各種不同人生境界，因而主張不同稱謂的理想人格分別代表各自獨立的精神境界。易言之，人的精神境界就不再僅是分作「理想人格」、「眾人」二類，而共同構成了多層次的人生精神環境。

譚宇權分析聖人、神人、至人異同時，以為其相異在於：

（1）聖人雖然已經是得道的人，但他確實未曾達到莊子之人生的最高境界。

（2）神人是指精神與肉體都能超脫現實，而接近至人的人。

（3）至人是完全忘了自己的存在，而達到「无何有之鄉」的人。

吾人今以莊子在〈逍遙遊〉篇的形容，就可證明此點；他道——「至人無己，神人無功，聖人無名。」換言之，聖人祇能做到不為名利的地步。神人也祇能做到不求成功的地步。但至人除能達到聖人與神人的層次外，還到達一個全忘了自己存在的，而入「无何有之鄉」的境界。可見至人可說是聖人之中的聖人，或神人中的神人。〔註127〕

譚氏認為唯「至人」方能達到莊子精神生命的最高境界，「聖人」與「神人」皆有所不足。

合而言之，持此說者比較了各種稱謂的實際內涵，並分析其不足處，以此排列境界之高下，而崔大華則進一步說明其內涵分歧的緣由。

（三）綜合說

唐君毅於《中國哲學原論・原道篇弌》云：

循此以觀莊子之學中人求為至人、真人、神人、天人、聖人之義，則似首當知此諸人之名，異竟指一種人，或有高下之不同種類之人。……至莊子他篇如大宗師之言真人，德充符之言至人，逍遙遊

〔註126〕崔大華《莊學研究》，頁 155～156。
〔註127〕譚宇權：《莊子哲學評論》（台北：文津出版社，1998），頁 146～147。

之言聖人、神人、至人三者，自其於儒墨之聖人之外，別出至人真
人神人之名而言，則見其有視至人真人神人更高於聖人之意。然逍
遙遊言「至人無己，神人無功，聖人無名」，亦可說是一種人，就其
無己而言為至人，就其無功而言為神人，就其無名而言為聖人。大
率後之郭象注莊，則重言聖人神人至人只是一種人，道教之徒則言
真人神人在聖人上。吾則以為二者皆可說，莊子實兼具二旨。然莊
子之必就其理想之人之德，而別出至人神人等名，以名之，則正可
見莊子之重人之德，而又不自足於儒墨所言之聖人之德也。〔註128〕

唐鈞毅以為，莊子思想中，無論是以「至人、真人、神人」為同一生命境界或
「至人、真人、神人」生命境界高於聖人，而有層次高低之別，皆能通於莊子
思想。而莊子所以於聖人之外別立至人、神人等名，乃是因其不以為其他諸家
藉由聖人所論說之生命境界為圓滿之故。

（四）圓融說

　　前輩學者們的說法已如上述，究竟何者合於莊子的本意？以下將由兩個
角度進行分析：

1. 就「文句間的關聯性」而言

（1）「至人」同於「神人」

　　〈齊物論〉中形容至人「乘雲氣，騎日月，而遊乎四海之外」與〈逍遙遊〉
中形容神人「乘雲氣，御飛龍，而遊乎四海之外」相似。其中除第二句相異外，
二者皆「遊乎四海之外」。依此，可謂至人與神人內涵並無區別，僅是稱謂之異。

（2）「至人」同於「真人」

　　〈齊物論〉中形容至人「大澤焚而不能熱，河漢沍而不能寒，疾雷破山〔
飄〕風振海而不能驚」，與〈大宗師〉中形容真人「入水不濡，入火不熱」相
似。二者皆能超越形軀之限制，故對於外在的紛擾無動於心。此外，〈齊物論〉
中至人「死生无變於己」亦同於〈大宗師〉中真人「不知說生，不知惡死」，
二者皆能超越生死，與時為變，故無所謂的「好惡」。依此二點，可謂至人與
真人之內涵相同，其所異者，唯在於稱謂之不同。

（3）「聖人」同於「真人」

　　〈大宗師〉中：「故聖人之用兵也，亡國而不失人心；利澤施乎萬世，不

〔註128〕唐君毅：《中國哲學原論・原道篇弍》，頁 348～349。

為愛人」一段，前、後文皆在說明真人之內涵及境界，故依文章脈絡，此句應寫作「故真人之用兵也」較為合理。為何突然插入一段關於聖人的說明呢？依莊子論述的方式，當論及外王事業時，多以「聖人」稱之，如：〈逍遙遊〉中「堯讓天下於許由」一文，而〈應帝王〉中云：「夫聖人之治也，治外乎？正而後行，確乎能其事者而已乎。」亦是論外王事業。而莊子對於真人之論述則側重理想人格之內涵，較不涉及外王之事業〔註129〕。由此便可推知，莊子所以將「故真人之用兵也」改作「故聖人之用兵也」，便是因「用兵」已涉及外王事業，按〈內篇〉之用法，每當語及外王之事，便以「聖人」稱之，故此改「真人」為「聖人」。易言之，真人與聖人所以能相互替換，必定是二者生命境界相同，僅是所展示之面向有別，真人側重理想人格的內涵，聖人則側重外王之事業。

綜上所論，若由章句間的關聯性而言，至人、神人、聖人、真人當指同一層次的生命境界，並無高低之別。

2. 就「圓滿生命指向」而言

若就莊子圓滿生命指向而言，則各個理想生命境界所指者當為一，當個體能由生命的桎梏中超拔而出，無論其所顯之形象為何，莊子皆視其為體道者，故不論至人、神人、聖人、真人所顯之形象不同，只要能由生命之桎梏超拔而出，皆為體道者而無層次之別。

既然如此，為何莊子以不同之稱謂來指涉同一生命境界呢？或許可由莊子對「道」的概念談起。莊子思想中，道非空無一物，乃是有其實際、有其徵驗者，但其本身不屬於現象，故「无為无形」。對於其情狀，僅能以心傳相印證而不能領受之，祇可默會之而不能目視，故云「不可受」、「不可見」〔註130〕。即道無法由客觀角度予以定名；一旦有了定名，則道的超越性便受限制。同樣的，體道者之生命境界亦是無法予以定名；一旦有了定名，則體道境界便有所封限。但為了言說之便，不得不主觀地立定一名以方便言說，然莊子又怕世人

〔註129〕 李治華云：「……而其中莊子將『真人之用兵』（因有『故』字），改為『聖人之用兵』，即用於『外王』時，以『極聖』代替『真人』之一明證。」〈莊子之——聖人、真人、至人、神人及天人的層次新論〉，《人文及社會學科教學通訊》，七卷五期（1997.2），頁92。

〔註130〕 莊子云：「夫道，有情有信，无為无形；可傳而不可受，可得而不可見；自本自根，未有天地，自古以固存；神鬼神帝，生天生地；在太極之先而不為高，在六極之下而不為深，先天地生而不為久，長於上古而不為老。」（〈大宗師〉，頁246～247）

執定於某一名，以為體道者境界僅是如此，故更進一步根據體道者之不同面向而立不同之名，以化除世人對某一名的執著。而此正符合道家之精神，自老子起即為了反對儒家虛偽之禮法而立論，而老子思想中所謂的「道」並無一定之準則及定名，故云：「道可道，非常道，名可名，非常名。」而所以稱之為「道」亦不過是「吾不知其名，字之曰道。」而老子為避免人執定於「道」之名，又曰：「強為之名曰大，大曰逝，逝曰遠，遠曰反。」〔註131〕而牟宗三以為所謂「反、遠、逝、大」乃是在「遞相救」，「遞相救即遞相遞，不滯不執，而求道以盡其極也」〔註132〕。而莊子理想人格中所謂「至人、神人、聖人、真人」亦有「遞相救」之意味。但因《莊子》全篇採描述的講法，異於老子分解的講法，故無形式的邏輯關係，亦無概念的辨解理路〔註133〕，難以釐清四者遞相救的順序，但無疑的「至人」、「神人」、「聖人」、「真人」乃同一層次，共同指稱最高理想人格的不同面相。

二、劉鳳苞的詮釋

（一）體道者間的關聯

關於劉鳳苞對「至人」、「神人」、「聖人」的判別，其於「至人无己，神人无功，聖人无名」下云：

> 神、聖之稱，以無功、無名為極則，而使人共見為神、聖，不若至人之相忘於無己也。故神、聖在至人之下，無己而功名不足言已。
> 〔註134〕（〈逍遙遊〉）

〔註131〕樓宇烈校釋《老子周易王弼注校釋》，（台北：華正，1983.9），頁63～64。
〔註132〕牟宗三云：「大而不大，逝而不逝，亦大亦逝，非大非逝。亦唯是一冲虛之玄德。以逝救大，以遠救逝，以反救遠。遞相救即遞相遮，不滯不執，而求通以盡其極也。此言大言逝言遠言反之意也。亦皆『稱謂』之詞也。」《才性與玄理》，（台北：台灣學生書局，2002.8），頁152。
〔註133〕牟宗三云：「二、表達之方法有異：老子採取分解的講法，莊子採取描述的講法。分解地講之，則系統整然，綱舉目張。種種義理，種種概念，皆連貫而生，各有分際。……至於莊子，則隨詭辭為用，化體而為一。其詭辭為用，亦非平說，而乃表現。表現者，則所謂描述的講法也。彼將老子由分解的講法所展現者，一起消融於描述的講法中，而芒忽恣縱以烘託之，此所謂表現也。芒忽恣縱以烘託之，即消融於『詭辭為用』中以顯示之。……此中之卮言、重言、寓言，即是描述的講法。並無形式的邏輯關係，亦無概念的辨解理路。」《才性與玄理》，頁175～176。
〔註134〕劉鳳苞撰，方勇點校：《南華雪心編》，頁10。

依劉鳳苞此處的注文，其判定「無己」為最高境界，「無功」、「無名」居其下，因此以「至人」為最高。但若就主體生命境界的觀照言，劉鳳苞認為，大鵬之境乃「大而能化」的主體境界，也即「至人無己，神人無功，聖人無名」的體道者境界。故至人、神人、聖人皆是不落形迹、無所待的工夫和境界，而三「人」異名同實，均指體道的理想人格。此外，〈刻意〉注云：

> 此篇以聖人作提綱，以真人作結穴。聖人乃指其軼羣絕類者而統屬之，真人則就其返虛入渾者而切指之，其實非有二也。〔註135〕（〈刻意〉）

劉鳳苞認為「聖人」、「真人」僅是論述角度不同，聖人就「軼羣絕類」而言，真人則就「返虛入渾」而言，境界並無不同，故言「其實非有二」。

合而言之，劉鳳苞對於「至人」、「神人」、「聖人」、「真人」四者間的關係，應同於莊子之說，為同一層次共同指稱最高理想人格的不同面相。

（二）莊子與劉鳳苞觀點的比較

從劉鳳苞的注文，明顯地看出其融入儒家的思想；但就思想理路而言，莊子與儒家的理想人格形象，有所不同。劉鳳苞於〈德充符〉篇前總論曰：

> 若在孔孟立論，祇就成己成物、顯而易見處搯精極微，所謂德盛禮恭、英華外發也。漆園之文，另開生面，別有一幅悲憫心腸，見得當世修德之士，多從外面緣飾，一切性命工夫，祇在形體上理會，盜名欺世，貌合神離。與其形全而德不全，不如虧其形者葆其德，猶足以運化於無形。〔註136〕（〈德充符〉）

依引文而言，儒家重在視「成己成物」，思想根植於仁義，並以外在禮樂入手，以求由外而內，讓主體生命體悟仁義根源於內，逆覺體證以達聖人境界。但莊子卻覺得，儒家那套禮文僅在形迹上推求，因而有許多沽名釣譽者藉此揚名，故莊子特別強調必須摒棄外在的禮文儀節，超越形迹之限，保其自然之性，使主體生命運化於道境。李章博云：

> 由此，也可知道莊、儒對禮文的態度自然會不同，如莊子云「不求文以待形」，劉注說：「形自合於天，而非預設一禮文以待其形，形具而文自生可矣。」儒家雖認為禮緣於人情，然其人情主要即指因現象而生的社會倫理之情，禮儀制度的建立，即為了要求人們的言

〔註135〕劉鳳苞撰，方勇點校：《南華雪心編》，頁351。
〔註136〕劉鳳苞撰，方勇點校：《南華雪心編》，頁113。

行舉止遵守所設定的共同規範，以符合社會秩序的需要和此一人情
標準。禮制即一會束縛本真心靈的形迹，人的行為儀表受到禮文制
約，也即心為形。莊子否定此人為形式，認為「形自合於天」，形體
之行止可以自然合理表現；而「形具而文自生」，此處之「文」，當
指一種純粹性的形式。〔註137〕

李章博以為儒家的禮文源於人情，指的是社會倫理之情，並以此標準約束主體
生命，既約束了人的外在行為，亦束縛了人的心靈。但莊子否定了這種形式，
並舉「不求文以待形」〔註138〕說明，而劉鳳苞釋之曰：「形自合於天，而非預
設一禮文以待其形，形具而文自生可矣。」〔註139〕，此「文」為一種純粹的
形式，即順著其自然之性發展，便會產生禮文，並非先預設一禮文用以束縛心
靈。

　　當然，儒家向來強調仁義禮知根於人性，此與莊子之說似相同，但儒家乃
是以「道德意識」定義此性，莊子則以「道」定義此性，截然不同。而儒家順
其性發展為外在禮文時，僅有一套固定的模式，若無法由主體生命中體驗仁義
內在者，則會視其為束縛，或貌恭而心不服的遵循著，或是起而反抗。總而言
之，此皆為「殘生損性」。莊子則以為應世之時，依其自然本性出之，發而為
具體行為時則會根據主體生命的個別性而有不同的行為模式，而此即「禮文」。
故言工夫論時，曾說明莊子否定的仁義，乃是儒家那一套固定的模式，莊子所
追求的是在實踐中更好地表現仁義，此即為「作用的保存」，非由實有層上否
定仁義。而所謂「更好地表現仁義」，即是主體生命依其個別性所具體展現出
的外在行為。由此，莊子特別重視超越儒家的「仁義」之限，所展現在體道者
身上的生命境界即是超越仁義的束縛，泯其仁義之迹。劉鳳苞注《莊子》時，
承襲著「泯其仁義之迹」的概念，但確有了轉變。莊子的「泯其仁義之迹」，
乃是欲對治當時已為儒家所桎梏的主體生命，使其於儒家的仁義中超拔出來。
但劉鳳苞身為一個儒家學者，無法擺脫儒家仁義的束縛，因而在其思想中以為
儒道二家是可相通的，故云：「但聖賢立言多屬人事一邊說，南華立言多屬天
事一邊說，究竟階於人而至於天，旨趣固兩相符合也。」〔註140〕，因而凡在

〔註137〕李章博：《劉鳳苞《南華雪心編》之研究》（南京：南京大學中國古代文學系
　　　　博士論文，許結先生指導，2016.8），頁94。
〔註138〕郭慶藩輯：《莊子集釋》，頁683。
〔註139〕劉鳳苞撰，方勇點校：《南華雪心編》，頁460。
〔註140〕劉鳳苞撰，方勇點校：《南華雪心編》，頁184。

論形而下現象界時往往引入儒家思想，一旦言及形而上的道體時，則依循莊子的說法。問題則在於劉鳳苞要如何貫通儒道二家的說法呢？其由「泯其仁義之迹」的概念入手，要求主體生命先由儒家「仁義」入手實踐，待「泯其仁義之迹」後主體生命即超拔於形而上，再將「泯其仁義之迹」的「心」一併泯除，便達逍遙境界，就人而言即是體道者。李章博云：

> 可見，就即物層面而言，莊、儒有可相通之處，而有些注家以儒解莊時，會出現「偷換」莊子聖人概念的現象。如此的聖人觀，與道家的至人義，其實已非一。〔註141〕

李章博將此稱之為「『偷換』莊子聖人概念的現象」，因儒道二家在「即物層」面是可相通的。雖可相通，但實際上二家的義理不同，經由工夫論所達至的體道者與境界是不相同的，故言「與道家的至人義，其實已非一」。易言之，莊子與劉鳳苞的體道者內涵不同，莊子的體道者工夫進路並非由仁義入手，而是由泯除已受儒家仁義桎梏的觀念入手，超絕於其上，故莊子的體道者內涵中並未留存著儒家的那套固定禮文。劉鳳苞的體道者工夫進路，是由儒家的仁義入手，在欲跨入道境時，再將「仁義之迹泯除」，故劉鳳苞的體道者內涵中是留存著儒家的那套固定禮文，僅是依靠「泯其迹」來調和儒道二家的思想。

〔註141〕李章博：《劉鳳苞《南華雪心編》之研究》，頁91～92。

第六章　政治論

第一節　對儒家「德治」的批判

一、莊子的批判

　　莊子思想所欲對治者為儒家，當其應用於政治上，最明顯的特徵即是否定儒家以仁義為基礎的治國方式，甚而反對儒家式的聖人、君子。依儒道二家治國的基本理論，牟宗三將儒家的治道稱之為「德化的治道」，道家的治道稱之為「道化的治道」〔註1〕，為避免論述上的混淆，遂將其簡化名為「德治」與「道治」。儒家的「德治」，上承夏商周三代所累積之禮樂傳統〔註2〕，特別是「周文」〔註3〕。

〔註1〕牟宗三：《政道與治道》（台北：台灣學生書局，2003），頁1。

〔註2〕王邦雄云：「通過三代以來，周公的貢獻就是把每一個人的生命存在定在禮樂，人是怎樣的存在？是禮樂的存在。禮樂可以讓人是人，人成就人，這是周公的。孔子發現另一個問題，禮樂要成為可能，請問有沒有人性的根據？因為周公講禮樂只限於貴族，還沒有下及平民，這叫做『禮不下庶人』。孔夫子的反省是：每個人內在生命都有一個仁，所以每一個人都是平等，人性平等，所以禮樂應下及庶人。由是禮樂的『在』，是通過人的『有』而有的。人的有就是有仁心，所以禮樂的在，才有可能性，才有活水源頭。孔夫子講仁義、講禮樂，講天道、講聖人、講家國天下、講內聖外王、講歷史文化傳統：孔夫子給我們一個多元的宇宙，多元的世界、多元的價值。每一個人在這個價值的世界裏面，可以找到他的安身立命之地。」《中國哲學論集》（台北：台灣學生書局，1983.8初版），頁196～197。

〔註3〕牟宗三云：「『郁郁乎文哉』是甚麼呢？就是說到了周朝，這個禮樂才是粲然明備。在夏商兩代，禮樂還是粗略的很，到了周朝才完全明備。這完全明備並不只是多少的問題，而是指原則分明，各方面都有。……它主要是分成兩系，一個是親親，一個是尊尊。」牟宗三：《中國哲學十九講》（台北：台灣學生書局，2002.8）頁57。

然而，諸子百家勃興即是由「周文疲弊」〔註4〕而來，各家對周文態度不一。儒家對周文採「肯定」的態度。牟宗三云：

> 孔子對周文是肯定的態度，禮總是需要的。……周公所立的這套禮在孔子的時候，他認為還可以用的，當然斟酌損益是可以的，但是你不能從根本上推翻，所以孔子對周文是採取肯定的態度。但是它之所以成其為儒家的思想，是在他使周文生命化。……孔子提出仁字，……所以仁這個觀念提出來，就使禮樂真實化，使它有生命，有客觀的有效性。〔註5〕

孔子瞭解周文發展至當時已有成為「虛文」之危機，為避免周文成為空洞的形式主義，遂反省夏商周三代文化，以「仁」字使周文生命化，進而使禮樂真實化，具有生命。道家則以為「周文」是「虛文」，如牟宗三云：「道家思想背後有個基本的洞見（insight），就是自由自在。所以他把周文看成虛文，看成形式主義。因為如此，他把周文通通看成是外在的（external）。」〔註6〕道家視周文為「虛文」、「形式主義」，勢必對繼承周文之儒家大加撻伐。而莊子對「德治」的批判，最主要展現在對仁義是否具「永恆性」與「普遍性」的質疑，茲分述如下：

（一）古人之糟魄──對永恆性的批判

《莊子·天運》中，藉「芻狗」喻先王之禮法，云：

> 孔子西遊於衛。顏淵問師金曰：「以夫子之行為奚如？」師金曰：「惜乎，而夫子其窮哉！」顏淵曰：「何也？」師金曰：「夫芻狗之未陳也，盛以篋衍，巾以文繡，尸祝齊戒以將之。及其已陳也，行者踐其首脊，蘇者取而爨之而已；將復取而盛以篋衍，巾以文繡，遊居寢臥其下，彼不得夢，必且數眯焉。今而夫子，亦取先王已陳芻狗，

〔註4〕關於諸子起源，舊說乃謂「諸子出於王官」，此「出」字，依牟宗三之意，是指歷史的「出」，表示諸子的歷史根源，而非邏輯的出，不是邏輯的根源。胡適不解此意，因而反對「諸子出於王官」之說，主張以社會學的觀點由社會環境上講，說當時的社會出問題，民生有疾苦，故諸子的思想都是反映當時的社會問題，這些思想家都是來救世的。牟宗三評此二論，以為舊說是「縱的觀點」，胡適之說為「橫的觀點」，皆與諸子的起源無邏輯的關係、無本質的關係，因而另主張「周文疲弊」之說。以為周文在周朝時粲然完備，但周文發展至春秋時代，漸漸的失效，諸子思想的出現即是為了對付這個問題。詳細內容請參考《中國哲學十九講》，頁 54～60。

〔註5〕牟宗三：《中國哲學十九講》，頁 60～61。

〔註6〕牟宗三：《中國哲學十九講》，頁 64。

聚弟子游居寢臥其下。故伐樹於宋，削迹於衛，窮於商周，是非其
夢邪？圍於陳蔡之間，七日不火食，死生相與鄰，是非其眯邪？」
〔註7〕（〈天運〉）

師金對於顏淵之提問，分別以「芻狗、舟車、桔槔、柤梨橘柚、猨狙、美醜」
六物為喻，然其意旨相同，故舉「芻狗」之喻說明。「芻狗」為祭祀時，尸祝
用作除禍之替身〔註8〕。祭祀前，人民對芻狗心懷敬慎畏懼，以筐笥盛裝、繡
巾裝飾，尸祝亦須齋戒過後方能送它。祭祀完畢，便將芻狗棄置於一旁，行人
踐踏其背脊，割草之人將其丟入炊爨燒掉。若此時再將芻狗以筐笥盛裝、繡巾
裝飾，於其下生活休憩，即便不得惡夢，亦會屢受夢魘。故郭注云：「廢棄之
物，於時無用，則更致他妖也。」〔註9〕即表明了物用有時，若逾時仍用之，
不免遭禍。接著師金藉「芻狗」批判孔子是「取先王已陳芻狗，聚弟子游居寢
臥其下」。「先王」即「堯、舜、禹、湯」，孔子執守先王之禮法，並以之聚集
弟子，殊不知先王之教已為陳跡，其所執守者不過為空殼，正如同祭祀過後之
芻狗，不可強留。孔子亦因不知時變，遂受「伐樹於宋、削迹於衛、窮於商周、
圍於陳蔡」之禍。郭注云：「此皆絕聖棄知之意耳，無所稍嫌也。夫先王典禮，
所以適時用也。時過而不棄，即為民妖，所以興矯效之端也。」〔註10〕意在強
調先王之禮法，必適時適用，若過時而用，必遭民眾反抗。

　　此外，《莊子‧天道》中，亦對儒家不知時變作批評：

桓公讀書於堂上。輪扁斲輪於堂下，釋椎鑿而上，問桓公曰：「敢問，
公之所讀者何言邪？」公曰：「聖人之言也。」曰：「聖人在乎？」公
曰：「已死矣。」曰：「然則君之所讀者，古人之糟魄已夫！」桓公曰：
「寡人讀書，輪人安得議乎！有說則可，无說則死！」輪扁曰：「臣
也以臣之事觀之。斲輪，徐則甘而不固，疾則苦而不入。不徐不疾，
得之於手而應於心，口不能言，有數存焉於其間。臣不能以喻臣之子，
臣之子亦不能受之於臣，是以行年七十而老斲輪。古之人與其不可傳
也死矣，然則君之所讀者，古人之糟魄已夫！」〔註11〕（〈天道〉）

〔註7〕郭慶藩輯：《莊子集釋》（台北：河洛圖書出版社，1980），頁511～512。
〔註8〕成玄英疏云：「芻（狗），草也，謂結草為狗以解除也。」郭慶藩：《莊子集釋》，
　　　頁512。
〔註9〕郭慶藩：《莊子集釋》，頁512。
〔註10〕郭慶藩：《莊子集釋》，頁513。
〔註11〕郭慶藩：《莊子集釋》，頁490～491。

輪扁首先批評桓公所讀之「聖人之言」為「古人之糟魄」，接著舉自身之職業說明：斲輪時，「徐則甘而不固，疾則苦而不入」，若過於緩慢，則所斲者鬆滑而不堅固；若過於快速，則所斲者滯澀而難入。最佳的速度為「不徐不疾」，但欲達「不徐不疾」的境界，「有數存焉於其間」，「數」即「術」，關鍵性技巧要領，它無法藉言語傳達，僅能「得之於手而應於心」。因此，即便欲將此「不徐不疾」之「術」傳予兒子，終究是無法透過言語達成，因為它非言語所能表述傳達。最後聖人的仁義禮法亦然，已隨聖人而逝矣，與「不徐不疾之術」一樣，皆無法透過語言文字傳遞。桓公所讀的「聖人之言」亦為古人陳跡，失其「不可傳」之精髓，故謂為「古人之糟魄」。故郭象注云：「當古之事，已滅於古矣，雖或傳之，豈能使古在今哉！古不在今，今事已變，故絕學任性，與時變化而後至焉。」〔註12〕旨在評論儒家執於古禮而不知時變。合上兩段言之，其旨皆在破除儒家對「仁義」具「永恆性」的主張〔註13〕。

（二）孰知天下之正色—對普遍性的批判

儒家除主張「仁義禮法」能超越時間之限制而具永恆性，亦以為能夠放之四海皆準，具有「普遍性」。《莊子‧逍遙遊》，批判云：

宋人資章甫而適諸越，越人斷髮文身，無所用之。〔註14〕（〈逍遙遊〉）

宋國本為微子後裔，孔子雖生於魯，卻長於宋，故戴章甫之冠；越國則為太伯之後裔，地近江湖，為了躲避蛟龍之害，越國人大皆斷髮文身，兩國風俗顯然不同〔註15〕。當兩國之間交易時，宋國輸入章甫，賣與越國人，配戴章甫時必須將雲鬢盤成冠，而越人卻因避蛟龍之害「斷髮文身」，可見章甫不適用於越人，因地易而風俗異矣。莊子將宋人比作「儒家」，章甫喻為「仁義禮法」，宋人以為配戴章甫方合於「禮」，見越人斷髮文身，而欲以宋人之「禮」矯之。

〔註12〕郭慶藩：《莊子集釋》，頁492。
〔註13〕劉榮賢云：「……外雜篇中道家對儒家的駁斥，其觀念幾乎都歸結於對『仁義』的『永恆性』的攻擊。」劉榮賢：《莊子外雜篇研究》（台北：聯經，2004.4 初版），頁290。蒙培元云：「……其中包含著超越一切歷史時代的具有普遍性、永久性的精神價值。」《人與自然：中國哲學生態觀》（北京：人民出版社，2004），頁244。
〔註14〕郭慶藩：《莊子集釋》，頁31。
〔註15〕成玄英疏云：「越國逼近江湖，斷髮文身，以避蛟龍之難也。章甫，冠名也。故孔子生於魯，衣縫掖；長於宋，冠章甫。而宋實微子之裔，越乃太伯之苗，二國貿遷往來，乃以章甫為貨。且章甫本充首飾，必須雲鬢成冠，越人斷髮文身，資貨變成無用。」郭慶藩：《莊子集釋》，頁24。

此不正如儒家強將「仁義禮法」施於天下之民，卻忽略了各地風俗之異。無論是宋人或儒家，僅由人性的根本處肯定天下人皆同〔註16〕，而忽略了根據人性所發出的外在行為，會因時空的歧異而有不同。故天下之大，民情民心各異，你以為合乎禮者，在我眼中未必合乎禮，是否合乎禮之標準，涉及個人主觀價值的認知與族群共識，若將自己之主觀價值強加於他人身上，結果必是「殘生損性」。宋人資章甫之結果是「無所用之」，而儒家強行「仁義禮法」的結果亦是「無所用之」。

　　《莊子·齊物論》中，王倪答齧缺「子知物之所同是乎？」時，舉出「正處、正味、正色」以明天下無法一於儒家的「仁義禮法」之下，其言云：

> 且吾嘗試問乎女：民溼寢則腰疾偏死，鰌然乎哉？木處則惴慄恂懼，猨猴然乎哉？三者孰知正處？民食芻豢，麋鹿食薦，蝍蛆甘帶，鴟鴉耆鼠，四者孰知正味？猨猵狙以為雌，麋與鹿交，鰌與魚游。毛嬙麗姬，人之所美也；魚見之深入，鳥見之高飛，麋鹿見之決驟，四者孰知天下之正色哉？自我觀之，仁義之端，是非之塗，樊然淆亂，吾惡能知其辯！〔註17〕（〈齊物論〉）

天下萬物對於「居處」、「口味」、「容貌」三者，依其自身的差異性而有不同的抉擇，故知無所謂的絕對普遍的「標準」存在。莊子藉由動物間之差異性，突顯人類社會之差異性，牟宗三云：

> 王倪借用經驗事例，表示物各有物性，隨其特性，乃各有所好。好惡是價值判斷，是以經驗世界中並無絕對的價值標準，價值取向只是隨緣而起。〔註18〕

若細分「正處、正味、正色」，「正處」為「客觀的生理」不同、「正味」為「主觀的感受」不同、「正色」為「主觀的認知」不同，此「標準」雖非絕不可改，但卻是絕對主觀，人依此絕對主觀之標準對外在的人、事、物作價值判斷。人人各有其一套判斷的主觀標準，因此天下不可能產生一套絕對、恆存且普遍的客觀

〔註16〕孟子：「惻隱之心，仁之端也；羞惡之心，義之端也；辭讓之心，禮之端也；是非之心，智之端也。人之有是四端也，猶其有四體也。有是四端而自謂不能者，自賊者也；謂其君不能者，賊其君者也。」阮元：《孟子》《十三經注疏》（台北：藝文印書館，1955），頁64。

〔註17〕郭慶藩：《莊子集釋》，頁93。

〔註18〕牟宗三講述，陶國璋整構：《莊子齊物論義理演析》（台北：書林出版公司，1999.4一版），頁181。

標準。易言之，對「仁義禮法」的認定正如對「正處、正味、正色」的認定，亦無一絕對、恆存具普遍性的客觀標準存在。是故，儒家取其主觀所認定的「仁義禮法」強作為治天下的客觀標準，必然使天下人主觀認知的標準與客觀的價值標準混淆，其結果不免「殘生損性」，離治天下遠矣。〈外雜篇〉中更以「養鳥〔註19〕」為喻，說明「以己養養鳥」，雖自覺照顧完善，卻不符合鳥之本性，鳥終究難逃一死。唯有「以鳥養養鳥」，順鳥之本性照顧，方能使其順生。莊子藉「以己養養鳥」喻天下萬民性異〔註20〕，因之價值標準亦相異，儒家欲以其主觀認知的「仁義禮」治天下，使天下人一統於同一套外在客觀標準之下，其結果必是「殘生損性」。「以鳥養養鳥」表達了《莊子》思想，以為治天下當隨天下萬民之性以成其性，而非一統於一套統治者所限定的外在客觀標準之下。

　　百姓面對儒家不合時宜、不知因地制宜的「仁義」之術，多數人僅是「鳥高飛以避矰弋之害，鼷鼠深穴乎神丘之下以避熏鑿之患」，貌恭而心不服地避禍。更有甚者，刻意曲解「仁義」的意涵，使其變異為領導統御的工具。《莊子‧胠篋》，直指「仁義」之術為鞏固君位的手段，云：

> 彼竊鉤者誅，竊國者為諸侯，諸侯之門而仁義存焉，則是非竊仁義聖知邪？〔註21〕（〈胠篋〉）

> 然而田成子一旦殺齊君而盜其國，所盜者豈獨其國邪？並與其聖知之法而盜之。故田成子有乎盜賊之名，而身處堯舜之安；小國不敢非，大國不敢誅，十二世有齊國。則是不乃竊齊國，並與其聖知之法以守其盜賊之身乎？〔註22〕（〈胠篋〉）

〔註19〕《莊子》云：「且女獨不聞邪？昔者海鳥止於魯郊，魯侯御而觴之于廟，奏九韶以為樂，具太牢以為膳。鳥乃眩視憂悲，不敢食一臠，不敢飲一杯，三日而死。此以己養養鳥也，非以鳥養養鳥也。夫以鳥養養鳥者，宜栖之深林，遊之壇陸，浮之江湖，食之鰍鰷，隨行列而止，委蛇而處。彼唯人言之惡聞，奚以夫譊譊為乎！咸池九韶之樂，張之洞庭之野，鳥聞之而飛，獸聞之而走，魚聞之而下入，人卒聞之，相與還而觀之。魚處水而生，人處水而死，彼必相與異，其好惡故異也。故先聖不一其能，不同其事。名止於實，義設於適，是之謂條達而福持。」（〈至樂〉，頁621）、「扁子曰：『不然。昔者有鳥止於魯郊，魯君說之，為具太牢以饗之，奏九韶以樂之，鳥乃始憂悲眩視，不敢飲食。此之謂以己養養鳥也。』」（〈達生〉頁665〜666）

〔註20〕此處謂莊子主張「性異」，顯然此「性」非同於儒家以「仁義」無根底，而更在強調其先天生理之需求，不具道德價值意義。

〔註21〕郭慶藩：《莊子集釋》，頁350。

〔註22〕郭慶藩：《莊子集釋》，頁343。

第一則章句中，莊子對比「竊鉤者」與「竊國者」，二者同為竊盜，但竊鉤者被誅殺、竊國者反倒成為君王，完全不合乎懲處的比例原則。第二則章句中，莊子舉田成子為例。田成子即齊國大夫陳恆，魯哀公十年，陳恆弒其君簡公，自為封邑，至其曾孫太公和時，自立為齊侯，共計有十二世之久。此段期間，田成子與其孫「身處堯舜之安；小國不敢非，大國不敢誅」，享太平之治世。田成子所以能弒君竊國卻免於刑戮之禍，正因其「並與其聖知之法而盜之」，即田成子摒棄儒家的仁義禮法竊國，但竊國後反以仁義禮法約束群臣，鞏固君位，故能得以享受如堯、舜治世時之安逸。由此可知，「竊國者為諸侯」是因其「並與其聖知之法而盜之」，遂謂「諸侯之門而仁義存焉」。合二則引文觀之，莊子所欲批判者，乃「仁義」之術應用於政治上時，轉變為手段，用以鞏固君王之位，防止群臣窺探。另外，「仁義」之術本是聖人為民所立，如今卻為大盜所資：

> 夫妄意室中（中）藏，聖也；入先，勇也；出後，義也；知可否，知
> 也；分均，仁也。五者不備而能成大盜者，天下未之有也。〔註23〕
> （〈胠篋〉）

盜跖告誡其徒，若欲成大盜必具「聖、勇、義、知、仁」五者。此旨在諷刺「聖、勇、義、知、仁」本為儒家所倡以治國安邦的至理，不料反為大盜所資藉以為惡行合理化之工具。凡此種種，皆為《莊子》對「仁義」之術價值變異的批判。

在莊子思想中，對生命主體的關懷偏重在「全生」與「保有自然質樸的本性」，故全面否定儒家以「仁義」判斷「君子」與「小人」之別。《莊子‧駢拇》批評曰：

> 伯夷死名於首陽之下，盜跖死利於東陵之上。二人者，所死不同，
> 其於殘生傷性均也，奚必伯夷之是而盜跖之非乎！天下盡殉也。彼
> 其所殉仁義也，則俗謂之君子；其所殉貨財也，則俗謂之小人。其
> 殉一也，則有君子焉，有小人焉；若其殘生損性，則盜跖亦伯夷已，
> 又惡取君子小人於其間哉！〔註24〕（〈駢拇〉）

常人以伯夷殉於「仁義」為尊、盜跖殉於「貨財」為賤，所據以判別之標準在於是否合乎「仁義」。但莊子卻以是否能「全生養性」為標準，伯夷與盜跖皆

〔註23〕郭慶藩：《莊子集釋》，頁343。
〔註24〕郭慶藩：《莊子集釋》，頁323。

無法全生養性，而為「殘生損性」，「其殉一也」，如何以伯夷為是，盜跖為非。推而論之，君子殉於「名」，小人殉於「利」，都是「殘生損性」，故曰「其殉一也」，又何必以君子為是，小人為非？

最後，莊子認為以仁義治天下，應歸咎於聖人，故謂「毀道德以為仁義，聖人之過也。」本句中「道德」與「仁義」對舉，可知此處「道德」非指儒家以實踐「仁義禮樂」為根柢的道德，而是指「道家式的道德」。道家「道」的意義是指「芴漠無形，變化無常」之形而上的大道；而「德」則指得之於道的內容，即「自然」。當二字連用時，意指一種「自然無為」的治國方式。由此可知莊子以為聖人出以治國，毀棄了自然無為的方式，改以仁義治之，遂改變百姓的淳樸本性，此全為聖人之過失。若欲解決此問題，唯有「掊擊聖人」一法。莊子云：

> 故曰，脣竭則齒寒，魯酒薄而邯鄲圍，聖人生而大盜起。掊擊聖人，
> 縱舍盜賊，而天下始治矣。夫川竭而谷虛，丘夷而淵實。聖人已死，
> 則大盜不起，天下平而无故矣。〔註25〕（〈胠篋〉）

莊子將「聖人」與「大盜」間的關係，比作「脣、齒」、「魯酒、邯鄲」，「脣竭則齒寒，魯酒薄而邯鄲圍」。郭象云：「聖人生非以起大盜而大盜起。此自然相生，必至之勢也。」〔註26〕聖人之產生並非欲使大盜生起，但大盜卻因此生起，故知此二者乃自然相互依生，必定會有此客觀形勢地產生，無可避免。故欲使天下平治，莊子因而說：

> 掊擊聖人，縱舍盜賊，而天下始治矣。夫川竭而谷虛，丘夷而淵實。
> 聖人已死，則大盜不起，天下平而无故矣。〔註27〕（〈胠篋〉）

郭象注此云：

> 夫聖人者，天下之所尚也。若乃絕其所尚而守其素朴，棄其禁令而
> 代以寡欲，此所以掊擊聖人而我素朴自全，縱舍盜賊而彼姦自息
> 也。〔註28〕

所謂「掊擊聖人，縱舍盜賊」並非真欲將聖人打倒，將盜賊釋放。成玄英疏此云：「夫聖人者，智周萬物，道濟天下。今言掊擊者，亦示貶斥仁義、絕聖棄

〔註25〕郭慶藩：《莊子集釋》，頁346。
〔註26〕郭慶藩：《莊子集釋》，頁348～349。
〔註27〕郭慶藩：《莊子集釋》，頁343。
〔註28〕郭慶藩：《莊子集釋》，頁349。

智之意也。不貴難得之貨故縱舍盜賊，不假嚴刑，而天下太平也。」〔註29〕依郭象、成玄英之意，郭象注莊，大抵以「迹冥圓」詮釋。所謂「迹」乃指外在行為，而「冥」則是內心的修養，郭象以為，聖人乃是達迹冥圓境界的人，即外迹與內冥圓滿和諧。雖其外在行為隨世俗變遷，然其內心卻無變，仍是守其素樸的本性。然世人不明聖人之心，徒見其外迹，便紛紛起而效仿，自以為如此便算是得道。若是能夠去除世人對聖人外迹的效仿，而求自守其素樸之本性，則人人復歸於自然，又何必有所謂「聖人」。成玄英更進一步指出，「掊擊」即「貶斥仁義絕聖棄智」，所欲貶斥者乃是外在仁義之名，而「絕聖棄智」〔註30〕亦不可實看之，乃在言超絕「聖」、「智」，並非真欲摒棄聖智，此即所謂「掊擊聖人」。而「縱舍盜賊」言揚棄禁制法令，而以清心寡欲取代之，所以欲「棄其禁令」之因。而所謂「聖人已死」，非真謂聖人已死去。鍾泰云：「『聖人已死』者，謂聖人之名與其說亡，非謂聖人之人死也。」〔註31〕依鍾泰之意，「死」，言其「名」與「說」之亡，與其身無關。易言之，聖人之迹若息，便不會有大盜的生起。郭象注云：「竭川非以虛谷而谷虛，夷丘非以實淵而淵實，絕聖非以止盜而盜止。故止盜在去欲，不在彰聖知。」〔註32〕成玄英疏云：「夫智惠出則姦偽生，聖迹亡則大盜息。猶如川竭則谷虛，丘夷淵實，豈得措意，必至之宜。」〔註33〕合二者觀之，河川乾涸並非欲使山谷空虛，但山谷卻因此空虛；山丘的土被夷平並非欲使山淵填平，但山淵卻因此被填平；絕棄聖人並非欲使大盜止息，但大盜卻因此而止息了。此全因前文所云，聖人出以「聖、勇、義、智、仁」，欲以此使天下治，反倒為盜賊所資，因而「天下之善人少而不善人多，則聖人之利天下也少而害天下也多。」故必「掊擊聖人，縱舍盜賊」。而「聖人已死」，故「大盜不起」，最後「天下平而無故矣」。

二、劉鳳苞的批判

（一）治之適以亂之

劉鳳苞注解《莊子》時，於政治論方面，承襲了莊子思想，否定儒家的「德

〔註29〕郭慶藩：《莊子集釋》，頁349。

〔註30〕此語最早出現於《老子》第十九章：「絕聖棄智，民利百倍；絕仁棄義，民復孝慈；絕巧棄利，盜賊無有；此三者，以為文不足。故令有所屬，見素抱樸，少私寡欲。」樓宇烈校釋：《老子周易王弼注校釋》（台北：華正，1983.9），頁45。

〔註31〕鍾泰：《莊子發微》（上海：上海古籍出版社，2002），頁210。

〔註32〕郭慶藩：《莊子集釋》，頁350。

〔註33〕郭慶藩：《莊子集釋》，頁350。

治」。其於〈在宥〉「聞在宥天下，不聞治天下也」一段後評曰：

> 聰明仁義禮樂聖知，治天下離不開此八者，而八者各具病根。天下
> 將安其性命之情，不靠定八者作主，可存可亡，與天下無所利，亦
> 無所害；若不安其性命之情，全靠定八者用事，臠卷傖囊競起而治
> 天下，治之適以亂之也。〔註34〕（〈在宥〉）

依劉鳳苞之說，治天下必須「安其性命之情」，所依賴者為「聰明仁義禮樂聖
知」八者，而此八者為儒家「德治」的基礎，卻各具病根。所以各具病根，乃
是因主體若未由實踐中體悟其內涵於心，則會將其視為外在束縛的力量。百姓
雖為避禍而順仁義行，但有人選擇起而抗之，故執政者欲靠此八者安定天下百
姓性命之情，恐怕適得其反，故言「治之適以亂之也」。而在〈馬蹄〉篇末，
評仁義治天下為「拂民性」之行為，云：

> 乃今之治天下者吾惑焉。蹩躠為仁，勉為行而猶形為傾側；踶跂為
> 義，強為至而益苦其形神。……彼末世之聖人，何以拂民性若是哉？
> 夫政教之日繁也。〔註35〕（〈馬蹄〉）

劉鳳苞對於治天下者提出質疑。百姓不知仁義根源於其性，而執政者卻強以仁
義之術治天下，百姓「蹩躠為仁」、「踶跂為義」，竭盡心力使自己合於仁義，
並以此自得；其實「猶形為傾側」、「益苦其形神」，反呈現出痛苦狀態。最後，
劉鳳苞以為此擾亂了民性，不但無法使天下治平，百姓為避仁義之禍，想出各
種方法閃避，執政者為禁止百姓乖離仁義的行為，僅能設立更多的政令去防
範，越立越多，故言「政教之日繁也」。同樣的於〈在宥〉中，劉鳳苞將此稱
之為「攖人心」，其於「崔瞿問於老聃曰：『不治天下，安藏人心？』」一段後
評曰：

> 下文乃歷指攖人心之患而極言之。黃帝、堯、舜同以仁義治天下，
> 即皆以仁義攖人心，仁義所不能勝，則繼之以流放，而仁義幾窮矣。
> 降及三王，治天下之法愈多，攖人心之禍亦更烈。桀、跖甘下流之
> 實，不仁不義，尚可援刑法以治之。曾、史竊上哲之名，行仁行義
> 不能執刑法以繩之，倡之者曾、史，和之者儒、墨，而喜、怒、愚、
> 知、善、否、誕、信之各持一說以相攻擊者，天下舉莫識從違。出
> 乎仁義之外，即入乎刑法之中，皆此攖人心者階之屬也。賢士高蹈，

〔註34〕劉鳳苞撰，方勇點校：《南華雪心編》（北京：中華書局，2013），頁248。
〔註35〕劉鳳苞撰，方勇點校：《南華雪心編》，頁226。

而人主孤立而抱憂慄之心，此可以觀世變矣。〔註36〕（〈在宥〉）

黃帝、堯、舜以仁義治天下，於內擾亂了百姓內在自然的心性，於外則使百姓尋找更多的規避之法。至三王以後，百姓規避之法日增，而治天下之法愈多，攖人心之禍欲甚。故劉鳳苞以為，執政者治國，要在「保有其性」。〈在宥〉「聞在宥天下，不聞治天下也」一段劉鳳苞後評之曰：

> 古之善治天下者莫如堯，能使天下樂其性；不善治天下者莫如桀，能使天下苦其性。樂則不能恬靜而相忘，苦則不能愉快而自適，均之失性也，不必譽堯而非桀。因苦樂之殊而成為喜怒，因喜怒之過而偏毗陰陽。人心之陰陽失其平，則天地亦乘以患氣；天地之陰陽愆其令，則萬物愈戕其生機。主治者不準乎天道之自然，適以啟人心之乖戾。〔註37〕（〈在宥〉）

堯為儒家思想中的聖君，桀則是暴君。堯能使天下樂其性，桀則使天下苦其性，故以儒家角度評論，則譽堯而非桀。但劉鳳苞以為，不論使天下人「樂其性」或「苦其性」，均是「失性」，因苦樂無法達「相忘」與「自適」之境。就人主觀情緒而言，苦樂牽動了人的情緒，心中陰陽失去平衡，而陰陽不平，則使天之氣失去平衡，萬物生機因而受到阻塞，故不必譽堯而非桀。接著提出執政者治天下必須「準乎天道之自然」，即以「自然」無依歸，方能「無為而無不為」。

而儒家自以為以仁義治國是順民之命，但卻未能察覺仁義其實為「無形」之桎梏。其於〈在宥〉「崔瞿問於老聃曰：『不治天下，安藏人心？』」一段後評曰：

> 至於戰國之世，治刑名者有專家，天資薄而持論益刻；施慘毒者有酷吏，法網密而奸宄益多。而儒墨乃自鳴得意，謂是仁義聖知之救敝補偏，乃為刑章所不及，而離跂攘臂以言之。不知有形之桎梏在刑章，無形之桎梏轉在仁義，以仁義拘攣其身心，出乎桎梏之外，而自炫其長，實入乎桎梏之中，而恬不知恥也。〔註38〕（〈在宥〉）

戰國時，有治刑名者與施慘毒者，然其持論刻薄、違法亂紀，儒墨出而以仁義救之，自以為能使百姓脫離刑章之桎梏，卻不知仁義為無形之桎梏。而執守仁義治國，久之不免「異化」，刻意扭曲其意為君王用以為統御群臣之工具，更

〔註36〕劉鳳苞撰，方勇點校：《南華雪心編》，頁253。
〔註37〕劉鳳苞撰，方勇點校：《南華雪心編》，頁247。
〔註38〕劉鳳苞撰，方勇點校：《南華雪心編》，頁253。

甚者，為大盜所資。〈胠篋〉篇首總論云：

> 此「知」字，在仁義聖知之外另具一種深心。世俗以之防盜，故有
> 緘縢扃鐍之巧；帝王以之防亂，故有仁義聖知之名。究之守備雖嚴，
> 并其緘縢扃鐍之資而竊之；利器所在，并其仁義聖知之法而盜之。盜
> 賊得聖人之道，遂以行其盜賊之術而安其盜賊之身。小則竊鉤，大則
> 竊國。盜其國，則并斗斛權衡符璽而盜之，猶盜之小者也。盜之大者，
> 莫如仁義。盜其國則無所不盜，於是盜賊其行而仁義其名，啟盜賊之
> 聰明而資以防守之利器，皆好知者職為厲階也。〔註39〕（〈胠篋〉）

劉鳳苞以為，一般人防盜，乃將置物之箱、櫃以繩子捆緊，用鎖匙鎖好；君王
防臣子作亂，則以仁義聖知，但當君王有此居心，便已將「仁義」視作工具。
故盜他人之國者，并其仁義聖知之法而盜之，如此方能防群臣的覬覦，安享其
王位，故謂「盜之大者，莫如仁義」。而盜賊亦扭曲仁義之道，安其盜賊之身。

　　由以上分析，可知劉鳳苞對於儒家以「仁義」治國的批判，基本上與莊子
思想無別，以為用仁義治國反而攪人心、適得其反。但於第四章中論坐忘時，
劉鳳苞卻云：

> 《南華》一書全在無聲無臭、迹象兩忘處見其神化，頗異於聖門宗旨
> 專從實處致力，馴至窮神達化之功。不善領會者易墮於空虛，然卻與
> 聖賢義理無悖。但聖賢立言多屬人事一邊說，南華立言多屬天事一邊
> 說，究竟階於人而至於天，旨趣固兩相符合也。〔註40〕（〈大宗師〉）

以為儒道二家旨趣相通，儒家思想以「仁義」為核心，既然相通，為何劉鳳苞
的政治思想中又承襲莊子，大力批判儒家的「德治」呢？其中恐怕別有深意。

（二）仁義出於性命

　　劉鳳苞於〈駢拇〉篇首總論云：

> 夫仁義之與道德，雖異其名，其源皆出於性命。莊子豈以仁義非性
> 命中事哉？須知戰國時，功利紛華之習變亂王章，楊朱墨翟之言充
> 塞天下，似仁非仁，似義非義，棼然雜亂，實為性命之憂。甚且竊
> 仁義之名，蹈淫僻之實，夷惠其行而盜跖其心，仁義之流弊益甚。
> 南華老人目擊心傷，發此奇快透闢之論，將仁義一齊抹煞，使之無
> 可假託，反而求諸性命之情，真有蘆灰止水、鐵鎖橫江之妙。蓋仁

〔註39〕劉鳳苞撰，方勇點校：《南華雪心編》，頁227。
〔註40〕劉鳳苞撰，方勇點校：《南華雪心編》，頁184。

義皆從性命中發見，而當其未發之時，無可名也。即偶然流露，率
其性命之所不容已，渾漠相忘，亦復誰別之為仁為義者？仁義之名
出而性命之實已虧，此駢拇枝指、附贅縣疣之喻，所為與仁義聰明
互相發明，而概以無用斥之也。五色雖華，非天地自然之色，膠離
朱之目，而天下始含其明；五聲雖和，非天地自然之聲，塞師曠之
耳，而天下始含其聰。然則枝於仁、駢於辯者，何若去其多駢旁枝
之道，以返乎性命之初邪？聖帝明王之治天下，不外乎仁義兩端而
發之為政教文章，分之為兵刑禮樂，古今於是乎受治，即天下於是
乎多憂。彼不仁之人，決性命之情而饕富貴，各以身徇，而我乃亟
亟焉繩之以仁義。其所殉者，在仁義之外，則欲以仁義正之；其所
殉者，即在仁義之中，又將何以正之也？君子乎？小人乎？同歸於
殘生傷性，以身為殉而已。篇中掃除仁義名色，而約之於道德之途。
此《莊子》外篇託始之微意也。〔註41〕（〈駢拇〉）

劉鳳苞強調仁義之與道德，雖然稱謂不同，然皆源於性命，此說同於儒家「仁
義根源於內在的道德心性」，即與孟子所謂「惻隱」、「羞惡」、「辭讓」、「是非」
的四端說相同，並藉由持之以恆的道德實踐，將四端之心推擴而為「仁、義、
禮、智」，由此言「仁義禮智，非由外鑠我也，我固有之也，弗思耳矣。故曰：
『求則得之，舍則失之。』」此種說法，明顯不是莊子的主張。劉氏接著說，
莊子「將仁義一齊抹煞，使之無可假託」，此抹煞的「仁義」並非儒家的仁義，
而是楊朱墨翟的「似仁非仁，似義非義」的仁義。劉鳳苞再次重申「仁義皆從
性命中發見」，重點在於必須「渾漠相忘」，此時無可名狀；若有仁義之「名」
出，則性命之實已虧。換言之，劉鳳苞所抨擊的「仁義」，乃出以名的「仁義」，
若仁義能處於「渾漠相忘」的狀態，「化其仁義之迹」應是可行的。劉氏在〈繕
性〉「繕性於俗學」一段後評曰：

仁、義、忠、信、禮、樂皆從性命中推勘而出，而仁、義、忠、信乃
其內蘊之精華，禮、樂特其聲容之外著。舍仁、義、忠、信而偏行
禮、樂，且莫識有仁、義、忠、信，況欲進之道德乎！夫民也，自率
其真，無所加於外也。必繩以我之禮樂，舍彼之不識不知者而強從
乎我，何如並遊於渾芒之世而相安於淡漠之天也？〔註42〕（〈繕性〉）

〔註41〕劉鳳苞撰，方勇點校：《南華雪心編》，頁206～207。
〔註42〕劉鳳苞撰，方勇點校：《南華雪心編》，頁358～359。

此處仍在強調仁、義、忠、信、禮、樂皆由性命中推勘而出，而所謂「自率其真」之「真」，當指「仁、義、忠、信乃其內蘊之精華」；而「無所加於外」之「外」，當指「禮、樂特其聲容之外著」。故知其所反者，是外顯於外的「仁義」，若能渾化「仁義」之迹，則仁義仍是可行的，因其本於性命之情，故云「並遊於渾芒之世而相安於淡漠之天」。

> 「絕聖棄知」以下，屏除一切誨盜之資，將聖人當作利器，醒快異常。聖人生而大盜起，欲利國適以利盜，誠不如渾其仁義聖知之用，立乎不測而遊於無有，如利器之不以示人，則大盜失其憑藉之具而無隙可乘矣。〔註43〕（〈胠篋〉）

劉鳳苞注解「絕聖棄知」，明顯與莊子思想不同，側重在「渾其仁義聖知之用，立乎不測而遊於無有」，以為仁義為治是可行的，重點在「渾其仁義聖知之用」。故知劉鳳苞的政治思想，一直與工夫論中相同，並未由根本上否定儒家的仁義與其工夫，所強調者只在於泯其「仁義」之迹。然莊子的「絕聖棄知」，要求超絕於仁義之上，用一個更好的方式展現仁義，是「作用的保存」，莊子將其命之為「自然」，亦即順其本真之性，唯此「性」非以道德意識定義。

　　劉鳳苞對於儒家以「仁義」為根底的「德治」，看似承襲了莊子思想而大力抨擊仁義之弊；然細究其內容，實際上並未否定「仁義」之治。所否定的是「假仁假義」；或出於性命之外的仁義。但莊子未曾肯定過儒家的「仁義」，因「仁義」乃主觀價值之產物，而人往往據其主觀價值判斷外物，予以分類、分級，同於己者為友，異於己者為敵，整體社會便因此而隔離、混亂，故提倡仁義不但無法使社會治平，反使社會紛亂，更進一步否定了儒家的德治，這是劉鳳苞與莊子在批判儒家「仁義」之治時的明顯差異。

第二節　明王之治——《莊子》的「道治」思想

一、莊子「全生」之「治」

　　上節已分析了莊子對儒家以「仁義」治國的批判，以為「仁義」不具永恆性與普遍性，故否定以「仁義」治國。在莊子思想中，其對生命主體的關懷偏重在「全生」與「保有自然質樸的本性」，如〈養生主〉、〈人間世〉中「曲轅

〔註43〕劉鳳苞撰，方勇點校：《南華雪心編》，頁227。

櫟社樹」，旨皆在強調保身之重要，而此亦是莊子批判儒家以「仁義禮樂」作為治世標準之因。故執政者處理政事時，首要之務即在使百姓能「全生」並「保有自然質樸的本性」。

（一）應時而變

上節中已言明莊子不以為「仁義」具「永恆性」，但《莊子》是如何看待先王所遺留的「仁義」？〈天運〉云：

> 故夫三皇五帝之禮義法度，不矜於同而矜於治。故譬三皇五帝之禮義法度，其猶柤梨橘柚邪！其味相反而皆可於口。故禮義法度者，應時而變者也。今取猨狙而衣以周公之服，彼必齕齧挽裂，盡去而後慊。觀古今之異，猶猨狙之異乎周公也。〔註44〕（〈天運〉）

> 仁義，先王之蘧廬也，止可以一宿而不可久處，覯而多責。古之至人，假道於仁，託宿於義，以遊逍遙之虛。〔註45〕（〈天運〉）

第一則引文中，莊子明白表示，「不矜於同而矜於治」，郭象註云：「期於合時宜，應治體而已。」〔註46〕成玄英疏云：「夫三皇五帝，步驟殊時，禮樂威儀，不相沿襲，美在逗機，不治以定，不貴率今以同古。」〔註47〕關鍵在於是否能「應時而變」。面對三皇五帝之禮義法度，須應時而變，其所貴者並非沿用古禮施於當世，而在於能合於當世而達天下治平。若能應時而變，便如「柤梨橘柚」的味道各有所別，然好之者皆以其味美；若不能應時而變，強以古禮用於治道，則如「猨狙」，所得的結果為「齕齧挽裂，盡去而後慊」。第二則章句再度強調此觀點，以為「仁義」如先王之旅舍，可「一宿而不可久處」，亦即仁義不可執守，否則競偽便起。至人明此理，因而「假道於仁，託宿於義」，能應時而變，不滯於固定的仁義之迹，故可遊於逍遙之境。易言之，《莊子》所否定的仁義，是儒家執著於一時、一地的仁義，並非由本質上否定仁義。《莊子》不滿儒家體現仁義的方式，以為體現仁義的最佳方式，如牟宗三所謂「作用地保存」〔註48〕，由作用中肯定仁義的價值，而非由實有層上去肯定仁義之

〔註44〕郭慶藩：《莊子集釋》，頁514～515。

〔註45〕郭慶藩：《莊子集釋》，頁517～519。

〔註46〕郭慶藩：《莊子集釋》，頁514。

〔註47〕郭慶藩：《莊子集釋》，頁514。

〔註48〕牟宗三云：「它不是從實有層上、正面原則上去肯定，它的肯定是作用中的肯定。我就給它找一個名詞，叫做：作用地保存。它當然不是正面來肯定聖、智、仁、義，但也不是正面來否定它們。……既然要如何來體現它，這不就是保住

存在。仁義既然由「作用中」肯定，則必須「應時而變」。

（二）遊心於淡

《莊子·應帝王》中之思想，可視為莊子之政治主張，依其要旨名之曰「明王之治」。其云：

> 有虞氏不及泰氏。有虞氏，其猶藏仁以要人；亦得人矣，而未始出
> 於非人。泰氏，其臥徐徐，其覺于于；一以己為馬，一以己為牛；
> 其知情信，其德甚真，而未始入於非人。〔註49〕（〈應帝王〉）

篇首先分辨有虞氏與泰氏之境界高下。有虞氏即舜、泰氏即太昊伏羲。莊子以為，舜之境界不如太昊伏羲，因舜標榜「仁義」以聚攏人心，太昊伏羲並不標榜「仁義」，故能安閒自得。此段文獻中最為關鍵者，乃「未始出於非人」與「未始入於非人」二句，其中「非人」〔註50〕在指「天」。故知「未始出於非人」在強調有虞氏僅用心於人，未能如天道自然之和光同塵，任物無染；「未始入於非人」乃指泰氏自然相忘，而不以入於天為念。易言之，明王之治當以

〔註49〕郭慶藩：《莊子集釋》，頁287。

〔註50〕關於「非人」的解釋，歷代注解家有不同的說法。宣穎將「非人」解作「物」，其云：「非人者，物也。有心要人，則獨繫於物，是未能超然出於物之外也。」《莊子南華經解》（台北：宏業書局，1997），頁74～75。「泰氏渾同自然，毫無物累，是未始陷入於物之中也。」《莊子南華經解》，頁76。憨山大師則將「非人」解作「天」，註解「未始出於非人」與「未始入於非人」時云：「言有虞氏以仁要人，雖亦得人，且不能忘其功名，但是世俗之行，而未能超出人世，而悟真人之道妙，以造非人之境也。」《莊子內篇憨山註》（台北：新文豐出版公司，2004.12初版五刷），頁433。「然情信，指道體而言，前云有情有信是也。此其體也。至其德用甚真，不以人偽，既已超凡情，安於大道非人之境，而不墮於虛無，且能和光同塵，而未始拘拘自隘，此泰氏之妙也。」《莊子內篇憨山註》，頁433～434。而高柏園對於這兩種說法，釋云：「將『非人』解為物，在文獻上卻缺乏有力的佐證與支持。蓋其可能之文獻支持，或來自『至人之用心若鏡，不將不迎，應而不藏，故能勝物而不傷。』以此中之勝物言其『未始入於非人』。然『故能勝物而不傷』，宣穎注本卻寫為『故能勝均而不傷』。果如此，則此自不能以『勝物而不傷』解『未始入於非人』，而以『物』解『非人』。另一方面，〈大宗師〉明明以天人對比，則『非人』當以『天』解之或更為恰當；且〈應帝王〉亦謂：『無為名尸，無為謀府，無為事任，無為知主。體盡無窮，而遊無朕，盡其所受乎天，而無見得，亦虛而已。』此正是強調天之自然義，而可為『人』之註腳也。」《莊子內七篇思想研究》（台北：文津出版社，2000.5初版二刷），頁208。

了嗎？這種保住，就是『作用地保存』，對聖、智、仁、義，可以作用地保存得住。」《中國哲學十九講》，頁133。

無為自然為依歸，其內容則為：

> 汝遊心於淡，合氣於漠，順物自然而無容私焉，而天下治矣。〔註51〕
> （〈應帝王〉）

> 明王之治：功蓋天下而似不自己，化貸萬物而民弗恃；有莫舉名，
> 使物自喜；立乎不測，而遊於无有者也。〔註52〕（〈應帝王〉）

第一則引文中強調了「天下治」之方式重點在於「遊心於淡」，郭象注云：「其任性而無所飾焉則淡矣。」〔註53〕所謂「任性」即「任其自然之天」，「無所飾」即謂「無人為之造作」，因無心而自然，心自然能遊，自可無私而兼容一切。故知能達「遊心於淡」之境界，便可「合氣於漠，順物自然而無容私焉」，此即「無為而無不為」也。君王治理天下，必須拋棄自我主觀意識，順從人民萬物之本性。第二則引文亦在強調「無為而無不為」之意。所謂「明王之治」重在「功蓋天下而似不自己，化貸萬物而民弗恃」，即雖有治理天下之功，卻不居功，順物自然，不知上有君主之治。

（三）無知無欲

莊子對於至德之世的百姓描寫，可分作二類，一為「內在心理」，一為「外在行為」：

1. 內在心理——「素樸而民性得」

《莊子‧山木》中描述了百姓於「明王之治」下的心理狀態，云：

> 其民愚而朴，少私而寡欲。〔註54〕（〈山木〉）

市宜南僚告訴魯侯，南越有一「建德之國」，百姓「愚而朴」且「少私而寡欲」。此論述同於「同乎无知，其德不離；同乎无欲，是謂素樸；素樸而民性得矣。（《莊子‧馬蹄》，頁336）」，「愚而朴」即「无知」、「少私而寡欲」即「無欲」。「无知」乃無去「人我」、「物我」區別的「是非之心」〔註55〕，如此便能維繫

〔註51〕郭慶藩：《莊子集釋》，頁294。
〔註52〕郭慶藩：《莊子集釋》，頁296。
〔註53〕郭慶藩：《莊子集釋》，頁294。
〔註54〕郭慶藩：《莊子集釋》，頁671。
〔註55〕《莊子‧齊物論》云：「古之人，其知有所至矣。惡乎至？有以為未始有物者，
　　　　至矣，盡矣，不可以加矣。其次以為有物矣，而未始有封也。其次以為有封焉，
　　　　而未始有是非也。是非之彰也，道之所以虧也。道之所以虧，愛之所以成。
　　　　（〈齊物論〉，頁74）」，成玄英疏云：「既無分別心，故同乎無知之理。又不（以）
　　　　險德以求行，故抱一而不離也。」郭慶藩：《莊子集釋》，頁337。

道的整全性。而至德之世，百姓無是非之心，故無人我、物我之別，萬物皆一同，此「無知」的表現，即是「愚」的最佳詮釋，亦是一種境界。「无欲」並非無去基本生理之欲求，而是無去超出生理基本需求的慾望，而能夠「無欲」，便可保有其「素樸」的本性。

　　此外，在〈馬蹄〉與〈盜跖〉中，亦論及至德之世的百姓心理狀態。

　　　　故至德之世，其行填填，其視顛顛。〔註56〕（〈馬蹄〉）

　　　　神農之世，臥則居居，起則于于。〔註57〕（〈盜跖〉）

第一則引文中所謂「填填」、「顛顛」，成玄英疏云：「夫太上淳和之世，遂初至德之時，心既遣於是非，行亦忘乎物我。所以守真內足，填填而處無為；自不外求，顛顛而游於虛淡。」〔註58〕故知至德之世民風淳和，百姓無知無欲，「填填」乃形容百姓守其純樸之自然本性，內心自足，故達無為境界；「顛顛」則形容因其自足於內，故無須向外物索求，因此可游於虛淡之境。此皆在表達至德之世，百姓內心自足而無待於外物，故郭象注云：「此自足於內，無所求之貌。」〔註59〕第二則引文中將至德之世託古於「神農之世」，所謂「居居」、「于于」，成玄英疏云：「居居，安靜之容。于于，自得之貌。」〔註60〕其意亦同前所言的「填填」、「顛顛」，皆在強調至德之世下，百姓內心自足而無待於外物的狀態。

　　總而言之，至德之世的百姓，其無知無欲，故能保其素樸之自然本性；能保素樸之自然本性，當可自足於內而不待外物，終能處無為之境而游於虛淡。

2. 外在行為──「禽獸可係羈而游」

　　至德之世百姓內在無知無欲，保有其素樸的自然本性，則日常生活間顯現於外之行為又如何？《莊子·盜跖》云：

　　　　古者禽獸多而人少，於是民皆巢居以避之，晝拾橡栗，暮栖木上，
　　　　故命之曰有巢氏之民。……古者民不知衣服，夏多積薪，冬則煬之，
　　　　故命之曰知生之民。……神農之世，……與麋鹿共處，耕而食，織
　　　　而衣。〔註61〕（〈盜跖〉）

「晝拾橡栗，暮栖木上」、「不知衣服，夏多積薪，冬則煬之」、「與麋鹿共處，

〔註56〕郭慶藩：《莊子集釋》，頁334。
〔註57〕郭慶藩：《莊子集釋》，頁995。
〔註58〕郭慶藩：《莊子集釋》，頁335。
〔註59〕郭慶藩：《莊子集釋》，頁335。
〔註60〕郭慶藩：《莊子集釋》，頁995。
〔註61〕郭慶藩：《莊子集釋》，頁994～995。

耕而食，織而衣」，至德之世的百姓生活方式，儼然是一個原始社會下原始人之生活，正如崔大華所言：「生產活動也很簡單，主要是『盡拾橡栗』的採集和『與麋鹿共處』的狩獵或畜牧。『夏多積薪，冬則煬之』，火是『至德之世』的人們掌握的唯一自然力。」〔註62〕無論是在食物、衣物或是處所等需求，皆極為單純，能夠滿足基本生理需求即可，不會有過度欲求。

而至德之世下，百姓與萬物間之關係又如何呢，其言云：

> 是故禽獸可係羈而游，鳥鵲之巢可攀援而闚。……同與禽獸居，族與萬物並。〔註63〕（〈馬蹄〉）

> 與麋鹿共處，耕而食，織而衣，无有相害之心。〔註64〕（〈盜跖〉）

郭象注云：「與物無害，故物馴也。」〔註65〕成玄英疏云：「人無害物之心，物無畏人之慮。故山禽野獸，可羈係而遨遊；鳥鵲巢窠，可攀援而窺望也。」〔註66〕二人皆以無害物之心釋之，此即「无有相害之心」，因人無害物之心，故物亦不害己，自然禽獸可係羈而游、鳥鵲之巢可攀援而闚，甚至同與禽獸居，族與萬物並。而所以能「无有相害之心」，追根究柢，即至德之世下之百姓無知無欲，保有純樸的自然本性，遂能與物無對，視萬物為一。那薇云：「道家學說無論是在人與自然的關係中，還是在人與人的關係中都不曾把人作為與自然與社會相對而立的主體看待。」〔註67〕至德之世，百姓因能保其純樸之自然本性，故能與自然與社會「和諧」共存。

二、劉鳳苞的詮釋

（一）因時而變

劉鳳苞注莊思想中，對於明王之治的說明，大體同於莊子，以為必須「應時而變」，注解〈天運〉「故夫三皇五帝之禮義法度」時云：

> 帝王不相沿襲，亦各因時而變，此句迴應「無方之傳」。〔註68〕（「故

〔註62〕崔大華《莊學研究》（北京：人民出版社，1997.5 第 3 次印刷），頁 250。
〔註63〕郭慶藩：《莊子集釋》，頁 334～336。
〔註64〕郭慶藩：《莊子集釋》，頁 995。
〔註65〕郭慶藩：《莊子集釋》，頁 336。
〔註66〕郭慶藩：《莊子集釋》，頁 336。
〔註67〕那薇：《道家與海德格爾相互詮釋》（北京：商務印書館，2004.12 第一版），頁 328。
〔註68〕劉鳳苞撰，方勇點校：《南華雪心編》，頁 336。

　　禮義法度者，應時而變者也」句下注）

　　不合時宜，雖有大道，亦將毀裂，語意刻毒。〔註69〕（「彼必齕齧挽
　　裂，盡去而後慊」句下注）

注文中提到「因時而變」、「不合時宜」，劉鳳苞所強調者同於莊子「應時而
變」，意謂不能夠將先王之禮儀法度原封不動地移至當代施行，畢竟各個時代
有其不同的風俗民情，執政者必須配合當時的狀況調整治道，可見知「時」
對於治道的重要。而於〈天運〉「故夫三皇五帝之禮義法度」一段後，劉鳳苞
評曰：

　　六喻纍纍如貫珠，分明寫一個「時」字。隨時變化，則應物不窮；
　　不合時宜，則所遇皆窮。〔註70〕（〈天運〉）

劉鳳苞以為，《莊子》中所舉的六個譬喻要旨相同，都在說明「時」對於「治
道」的重要。執政者若能應時變化，則能應物不窮，百姓皆能於其治理下安身
立命；若是不合時宜，強將先王之仁義禮法加諸於當代百姓身上，則易成為桎
梏，而受傷。同篇中，劉鳳苞於「仁義，先王之蘧廬也」一句注云：「公器則
必有爭之者，蘧廬則必有假借之者，妙論沁入心脾。」〔註71〕（「仁義，先王
之蘧廬也」句下注）、「不拘係於仁義，而行所無事也。」〔註72〕（「以遊逍遙
之墟」句下注）、「騖仁義之名，猶之取公器而貪多無厭，戀蘧廬而久假不歸也。
至人未嘗不用仁義，究之假道託宿，無所係累於其心。」〔註73〕「仁義」即公
器，正如「蘧廬」，本為暫居之用，然確有人戀而不歸；仁義，若不知因時制
宜而氾濫倡議，則其弊將現。其實仁義之術非不可用，至人即以仁義治民，重
點在於能「不拘係」、「無所係累於其心」，即不為桎梏，其法就在能「應時而
變」。

　　劉鳳苞除強調因時而變，亦強調需化去得人之迹而合於天。其於「齧缺問
於王倪，四問而四不知」注云：

　　非人，欺偽之人。虞氏不能超乎其上，以其有知也。〔註74〕（「而未
　　始出於非人」句下注）

〔註69〕劉鳳苞撰，方勇點校：《南華雪心編》，頁336。
〔註70〕劉鳳苞撰，方勇點校：《南華雪心編》，頁337。
〔註71〕劉鳳苞撰，方勇點校：《南華雪心編》，頁338。
〔註72〕劉鳳苞撰，方勇點校：《南華雪心編》，頁338。
〔註73〕劉鳳苞撰，方勇點校：《南華雪心編》，頁340。
〔註74〕劉鳳苞撰，方勇點校：《南華雪心編》，頁189。

前是胸中有物，未能出乎物之外；後是胸中無物，未嘗入於物之中。〔註75〕（「而未始入於非人」句下注）

首段撰出泰氏，與有虞氏對發。有虞氏已到得不識不知，究竟有藏仁之迹，泰氏則並此而無之。君忘其民，民忘其君，為馬為牛，不見己之有異於物，物之有異於己，全在「徐徐」、「于于」上體會出來。……「未始出於非人」，見不能化去得人之迹而合於天，「未始入於非人」，見任天而動者之得人更神，而實超乎物之外。二句各有意境，著墨無多，已託出拈花妙諦。〔註76〕（〈應帝文〉）

劉鳳苞將「非人」注解為「欺偽之人」，並以「知」作為判斷的依據，分為「未始出於非人」與「未始入於非人」的兩種境界。「未始出於非人」屬於舜的境界，其「胸中有物，未能出乎物之外」，即仍有物我之別，當其以仁義治天下時，知道需泯除仁義之迹，但「知道」即「有心」為之，故云「究竟有藏仁之迹」，正因「不能化去得人之迹而合於天」，故境界略低，待達「合於天」方為最高境界。「未始入於非人」屬於泰氏的境界，其「胸中無物，未嘗入於物之中」，即已泯除人我之別，當其以仁義治天下時，不僅知道泯除仁義之迹，連同「知道」之「心」亦一起泯除。此時君民之間相忘相渾，一切依於天而行，物我無傷，故謂「見任天而動者之得人更神，而實超乎物之外。」整體而言，莊子論此章句時，主要在藉「有虞氏」與「泰氏」的比較，說明治天下當以自然為依歸。但劉鳳苞詮釋此節章句時，偏重在區別出是否有「藏仁之迹」。由此可知，劉鳳苞並未否定儒家的「仁義」之治，僅是關注執政者以仁義治國時，是否能併「藏仁之迹」一起化除，以達合於天的境界。

劉鳳苞強調不可有「為天下」之心，其於「天根遊於殷陽」一文後評云：

三段撰出天根、無名人一番問答。以天根為天之根柢，無名為德之無迹。殷陽、蓼水皆返虛入渾之境。天根請問「為天下」，一「為」字便在迹象上推求。……，正見治天下者，並無治天下之見存，不必規規於事為之迹也。天根再問，非故作疑義，正恐落在空虛，只解守寂冥心，於天下有何關涉？須知「遊心於淡」四句，全是運實於虛，與孟子「過化存神，上下天地同流」意，同一語妙。〔註77〕（〈應帝文〉）

〔註75〕劉鳳苞撰，方勇點校：《南華雪心編》，頁189。
〔註76〕劉鳳苞撰，方勇點校：《南華雪心編》，頁189～190。
〔註77〕劉鳳苞撰，方勇點校：《南華雪心編》，頁192～193。

引文中有兩點特別值得留意：第一，劉鳳苞仍在強調泯其仁義之迹的重要，如云：「一『為』字便在迹象上推求」，故不可有「為天下」的念頭，因有心存焉。故治天下者，需「並無治天下之見存，不必規規於事為之迹也」，此與看似同於莊子明王之治在以「自然」為依歸，但劉鳳苞卻舉孟子作比擬，此正為第二點需留意之處。莊子政治思想本於「道」，孟子政治思想本於「仁義」，彼此間立基點不同，又如何能相通呢？但劉鳳苞卻以孟子「過化存神，上下天地同流」比附莊子「無為而無不為」的治道，顯見劉鳳苞在注解莊子的政治思想時，仍未脫以「仁義」為根柢的德治，其所在意的僅是如上文所言，必須併「有心藏仁之迹」一塊泯除。此外，執政者要「不居功」，劉鳳苞於「功蓋天下而似不自己」一文後評曰：

> 四段從「應」字生意。末二句乃通篇關鍵。惟立乎不測而功化無窮，惟遊於無有而功化俱泯。……本無立功之心，而功之所周，似非己之所得與；化貸萬物而民不恃，雖有運化之量，而化之所至，若皆民之所自為。有莫舉名而民不知，使物自喜而我不知，上與下兩忘而化其道。立乎不測者，乃所以應物而不窮也；遊於無有者，乃所以運化而無迹也。〔註78〕（〈應帝文〉）

在莊子的政治思想中，除明確表明必須以「無為而無不為」的方式治天下，亦強調了執政者的「不居功」。而劉鳳苞亦承此意言「己忘其功」〔註79〕（「功蓋天下而似不自己」句下注）、「民忘其化」〔註80〕（「化貸萬物而民弗恃」句下注）引文中強調「惟立乎不測而功化無窮，惟遊於無有而功化俱泯」，執政者能夠「立乎不測」，即不拘執某一法而變化無方，便能應物不窮，功化亦無窮；又執政者能「遊於無有」，即虛以應物，便能運化無迹而功化具泯。此外，執政者雖有功於天下，但人民不知有執政者之治，以為「民之所自為」；百姓自喜其功時，執政者亦不知，「似非己之所得與」。最終之境即為「上與下兩忘而化其道」，君民間彼此相忘，共同渾化於道境之中。

（二）無心、無為

《莊子‧應帝王》「肩吾見狂接輿。」一段後評曰：

> 二段引接輿之言，以「欺德」二字抉出治天下病根。「正而後行」二

〔註78〕劉鳳苞撰，方勇點校：《南華雪心編》，頁194～195。
〔註79〕劉鳳苞撰，方勇點校：《南華雪心編》，頁194。
〔註80〕劉鳳苞撰，方勇點校：《南華雪心編》，頁194。

句，極有精神，盡己之當為而無心於成化，任德之所至而自斂其神功。一切出經式義，操之於己而不勝其繁重，責之於民而相避於文法，民之畏此思逃，如鳥之高飛，鼠之深穴，是相率而為欺也。治天下者治以神，則順而易達、輕而易舉，治以迹則徒勞罔效。前後四喻，比擬最精。末句尤雋妙絕倫，最耐尋味。〔註81〕（〈應帝王〉）

此則引文中，劉鳳苞說明治天下時，「治以神」與「治以迹」的區別。所謂「治以迹」，即執政者未曾考慮百姓之風俗民情與思維，以一己之意治理國家，便會使百姓不堪其擾而心生畏懼以逃避，此時執政者為使百姓能順一己之意，則會制訂更多的政令，陷入惡性的循環，故評之為「徒勞罔效」、「欺德」，僅是在控制百姓的外在行為。「治以神」，即「盡己之當為而無心於成化，任德之所至而自斂其神功」。「盡己之當為而無心於成化」即「無心」，「無」為工夫義，無去主觀之成見，而依劉鳳苞對儒家仁義之批判，此處更偏重在無去「仁義」之心。而「任德之所至而自斂其神功」即「無為」，「無」亦為工夫義，不要執守一定要如何治理百姓，同樣依流鳳苞對儒家仁義的批判，此偏重在言不要執著於以仁義治國。若能以「無心」、「無為」的方式治理國家，則「順而易達、輕而易舉」。

《外篇・天地》「將閭葂見季徹」段後針對「無心」、「無為」做更進一步的說明，評曰：

此段駁倒治己用人一番見解，見治天下者總在無心成化，人己兩忘。忘乎己，則聲色俱泯，何從窺其恭儉？忘乎人，則才能俱斂，何從顯其公忠？若有心表暴以飾觀瞻，是觀臺雖高，已形危峻之勢；有心拔擢以要賢哲，是投迹雖眾，已開奔競之風。漢文帝躬行節儉，不同於垂拱之朝；唐太宗駕馭群雄，遠遜於明良之治，可以觀世變矣。後幅揭出無為之旨，任你經天緯地功能，一齊抹煞。「搖蕩」二字形容絕妙，如元氣鼓盪羣生，不能自己。使之成教，而非有心於成，使之易俗，而非有心於易，正寫其搖蕩民心處，純用自然也。……堯舜已臻無為之化，然有心摹擬，便失其真。〔註82〕（〈天地〉）

引文的前半段，劉鳳苞強調治天下要能「無心」與「忘」，而能無心，自然是能「人己兩忘」。接著說明「忘」之妙用：能忘己，則泯能泯其恭儉之迹；能

〔註81〕劉鳳苞撰，方勇點校：《南華雪心編》，頁191。

〔註82〕劉鳳苞撰，方勇點校：《南華雪心編》，頁288～289。

忘人，則能泯其公忠之迹。若是無法泯其迹，則有「危峻之勢」、「奔競之風」，並舉漢文帝與唐太宗二者為例以明之。

由上述分析中可看出，劉鳳苞對於「人己兩忘」的詮釋異於莊子。莊子所強調的「人己兩忘」，旨在說明主體生命超越成心之限，以如鏡般虛明之心應物，因無成心之限，故萬物能如實應照於主體之心境當中，物我無傷。當其應用於治道時，則特別強調執政者不以主觀價值強加於百姓之身上，使百姓能任其自然之本性生活。但劉鳳苞論「人己兩忘」，則特別強調了泯去「恭儉公忠之迹」，若「有心」表暴、拔擢，反倒有「危峻之勢」、「奔競之風」。所以會有如此轉折，恐怕與劉鳳苞對儒家「仁義」的德治有關，在上節中的分析可知劉鳳苞所否定的「仁義」之治，是「假仁假義」或出於性命之外的仁義，並非儒家的「仁義」之治。易言之，劉鳳苞的理想政治基礎仍是以儒家的「仁義」為主，然其重點在於要能「忘」，即泯其仁義之迹。若所論無誤，則劉鳳苞應用於治道上的「無心」、「無為」又與莊子有別，其「心」、「為」是指「仁義之心」與「行仁義」，而當「有心」於仁義或行仁義時，其迹便顯露而出，此時會造成百姓的仿效，故必須將「有心」泯除，故「無」字專就「有心」之迹而論。當執政者能化其「有心」之治，則成理想政治。引文中的後半段論「無為」時，此種思維模式更為明顯。不論是成教或是易俗，皆不能「有心」，因一旦「有心」便其迹存，則百姓便會仿效，此時便失其真。

第七章　結　論

　　劉鳳苞注《莊子》，既因承莊子的思想，也能於細節處融入自己的見解，特別當莊子批判儒家時，劉鳳苞總嘗試調和兩家之說。因為他認為儒、道二家的旨趣是相通的。其於〈大宗師〉「坐忘」後點評曰：

> 《南華》一書全在無聲無臭、迹象兩忘處見其神化，頗異於聖門宗旨專從實處致力，馴至窮神達化之功。不善領會者易墮於空虛，然卻與聖賢義理無悖。但聖賢立言多屬人事一邊說，南華立言多屬天事一邊說，究竟階於人而至於天，旨趣固兩相符合也。〔註1〕（〈大宗師〉）

依其注文，劉鳳苞認為，莊子之說屬「天事」，於無聲無息、迹象兩忘處見其神化；儒家之說則屬「人事」，於實處致力，馴至窮神達化之功。雖然二者立論的角度及特色不同，卻皆是「階於人而至於天」，旨趣相符。換言之，當劉鳳苞論形而下現象界時，往往引入儒家思想；一旦言及形而上的道體時，則依循莊子的說法。劉鳳苞所以有如此的觀點，大抵不脫其儒者的身份，一生經歷了太平天國起義、回民起義、洋務運動與戊戌變法，見證了清代社會的動盪與變革，再加上自身屢遭貶謫、又遭他人毀謗，終致彈劾，導致他的思想中，既有儒家「經世濟民」的抱負，亦有道家「超然物外」、「清虛無為」的人生觀。「儒、道二家旨趣相符」的概念，是劉鳳苞注解《莊子》時的預設立場，於其注文中便時常展現出調和儒道思想的傾向。

〔註1〕劉鳳苞撰，方勇點校：《南華雪心編》（北京：中華書局，2013），頁184。

一、氣化的宇宙論

就「本體論」而言，劉鳳苞因承了莊子對「道」的概念，有著「超越性」、「根源性」、「遍在性」、「不可言性」，並無歧異之處。但在「宇宙論」中，劉鳳苞融入了「元氣」的概念。其於〈大宗師〉「顏回坐忘」後評曰：

> 同於大通，徹上徹下，徹始徹終，皆元氣渾淪氣象。雖有形而與無形者俱化，雖無形而與有形者相通，方是坐忘本領。〔註2〕（〈大宗師〉）

劉氏以「徹上徹下，徹始徹終，皆元氣渾淪氣象」釋「同於大道」，當人能夠「離形去知」達「坐忘」時，人與道之間相通而無隔，其間皆是「元氣」渾淪，故知劉鳳苞「氣」化了莊子的道生。此外，「元氣」無形，具「超越性」與「根源性」，與「道」的質性相同。故劉鳳苞「宇宙論」中的「道生」其實是「氣化」，乃秦漢氣化宇宙論的基本觀點。當其注解〈田子方〉「至陰肅肅，至陽赫赫」云：「一陰一陽，道之所為對待以成形，至陰陽互為其根」〔註3〕，認為：宇宙生化的過程，是透過元氣分出陰陽二氣，互為其根，分合而生成天地萬物。由此可知，道生物的過程並非道、物間直接連結，而是透過元氣徹上徹下、徹始徹終而成，就是一個「氣」化的過程。

在《莊子》中，未見「元氣」一詞的出現，雖有時論及「氣」，亦不過譬喻使用，未必有實際義涵。但劉鳳苞的「道生」，實際上是透過「元氣」貫通形上與形下，並以形下的陰陽二氣互為根，分合而生成。將莊子「生」的「實現義」轉為「創生義」，間接使得莊子的「道」由「創生的實體」，一變而為「實有形態的形而上學」。

二、清虛的逍遙

有別於莊子「無待的逍遙」與郭象「適性的逍遙」，劉鳳苞提出了「清虛的逍遙」。劉鳳苞論「逍遙」時，因承了莊子，由「心」上論逍遙，所謂「心之至大」即指生命境界的至大，於此時可超越形軀之限，即主觀生命境界進入化境後可超越形骸之限。但劉鳳苞並未將「無待」視為判斷的標準，其於〈逍遙遊〉篇末的評點中，提出「自適於清虛」〔註4〕即為逍遙遊。「清虛」為一種

〔註2〕劉鳳苞撰，方勇點校：《南華雪心編》，頁185。
〔註3〕劉鳳苞撰，方勇點校：《南華雪心編》，頁486。
〔註4〕劉鳳苞云：「無何有之鄉、廣莫之野，空空洞洞，至人之所游也；無為其側，寢臥其下，至人之所為逍遙也。果何道以致此哉？惟其自適於清虛，而不以眾所同去為患也。」劉鳳苞撰，方勇點校：《南華雪心編》，頁18。

狀態，以「不以眾所同去為患」，即不會執定於世俗的價值觀，並能超越於其上，而不以為患。

〈逍遙遊〉末段，本是莊子用以說明「至人無己」的事例，關鍵在於「無己」，劉鳳苞卻改以「清虛」注解。應世時，強調「無心」任物，可見莊子的「無己」與劉鳳苞的「清虛」、「無心」相同，即不囿於一己成見，將自我偏執的價值觀強加於萬物之上，並能洞察萬物自然本性，且隨順之，則萬物皆可得其大用。換言之，劉鳳苞判斷是否達道之境的標準為「清虛」，亦即「無己」、「無心」。

比較莊子與劉鳳苞的說法，若由思想角度看劉鳳苞注莊子無待的逍遙，仍不脫莊子所論。其創見處在於，改以「清虛」一詞，並強調了「虛」之妙用，發莊子所未發。至於莊子「無待的逍遙」中，所產生的普遍性問題，劉鳳苞則收攝了孟子的「仁義之性」去化解。依劉鳳苞的宇宙生成論，強調「道備於吾身之內」、「物物各具一太極」，故知主體內在之性為道藉由氣所賦予的，但此性卻含有孟子的「仁義之性」。劉注云：「不以心捐道，不以人助天，即孟子所謂『直養無害』者也。」〔註5〕、「本至壹之體，而運以直養無害之氣」〔註6〕，將孟子的仁義之性融入其中，則萬物皆具仁義之性，此或可視為萬物皆具逍遙之質，以化解莊子無待逍遙缺乏普遍性的困境。

三、儒學化的工夫論

劉鳳苞注解莊子的「心齋」、「坐忘」、「攖寧」等工夫時，凡論及最高層次的工夫時，便依循莊子的說法，但論及較低層次的工夫，往往融入了儒家的仁義道德思想。

1. 心齋

劉鳳苞同樣將「心齋」分為三個層次：「無用形」、「并無用心」、「聽以氣」，但其對於第二、三層的說明，明顯有別於莊子原意。劉氏以為，兩層間差距甚微，依其注文云：「然而不能無心也」〔註7〕，故知差別僅在於是否能「無心」。所以如此，是因劉鳳苞將莊子「心齋」工夫歷程的三個層次視為主體應物的過程，又將「無聽之以心」的「心」釋作「成其天然之妙用，不假作為」，反轉

〔註5〕劉鳳苞撰，方勇點校：《南華雪心編》，頁67。

〔註6〕劉鳳苞撰，方勇點校：《南華雪心編》，頁424。

〔註7〕劉鳳苞撰，方勇點校：《南華雪心編》，頁87。

而為正面義。此外，劉鳳苞於「心齋」的作用中突出了「元氣」，能「虛」更是心齋的要旨。就人而言，處虛時便能「忘己」，故云：「未始有回，忘乎己，即能忘乎人，惟虛乃有此悟境也。」〔註8〕

2. 坐忘

莊子論「坐忘」的工夫，首先強調了「忘仁義」、「忘禮樂」，最後達「同於大通」之境。劉鳳苞雖亦強調「忘」，但已異於莊子向上超越、超拔，忘掉外在價值觀及生活規範的「忘」。劉鳳苞以為「忘仁義」的要點，除了要化其仁義之迹，連同三月不違之意亦一併忘之；「忘禮樂」的要點，除了要化禮樂之迹，連同克己復禮之功能一併忘之。〔註9〕故知此「忘」，是於仁義道德上作實踐工夫，而漸漸地將其內化於主體生命中，或可謂人於實踐中體覺仁義，接著化「仁義」、「禮樂」之迹，最後連同用心處一併化除。此雖亦可言「忘」，但其成就的是一個「道德主體」，已與莊子超拔於仁義禮樂上之意不同。

3. 攖寧

劉鳳苞詮釋「攖寧」的修道工夫歷程為：「忘世忘物→忘我→朝徹→見大宗師→古今一也→死生一也→攖寧」。其中「攖寧」即為「天人兩忘」之境，但劉鳳苞卻以「是聖人動心忍性之功也」〔註10〕詮釋「攖寧」。所謂「動心忍性」是孟子由「道德」角度而論，此處劉鳳苞在「攖寧」的工夫歷程中，融入了孟子「動心忍性」說。可見劉鳳苞注《莊》說「全是從仁義禮樂入手，有一番刻苦工夫用在前面，漸漸融化入微，方能到此地步。」〔註11〕即在強調工夫必先由儒家仁義道德之處開始實踐，漸漸內化後將并其仁義之迹與用心一起化掉。

劉鳳苞對於莊子工夫論的詮釋，共同的特徵即在由儒家「仁義」入手，再藉由「泯其迹」的方式，與莊子形而上的道境相通，以達主體生命的最高境界。

〔註8〕劉鳳苞撰，方勇點校：《南華雪心編》，頁91。

〔註9〕劉鳳苞云：「仁義驗之於性功，顏回本在三月不違上用功，忘仁義則不獨化仁義之迹，并其不違之意境而忘之；禮樂形之於履蹈，顏回本在克己復禮上用功，忘禮樂則不獨化禮樂之迹，并其克復之功能而忘之。即此已是化不可為境界。」劉鳳苞撰，方勇點校：《南華雪心編》，頁184。

〔註10〕劉鳳苞云：「千錘百鍊，攖其外而歷試艱危，攖其中而歷經憂患，攖之久而後得玉汝於成，是聖人動心忍性之功也，知之能登假於道者，此也。」劉鳳苞撰，方勇點校：《南華雪心編》，頁161。

〔註11〕劉鳳苞撰，方勇點校：《南華雪心編》，頁184。

四、儒學化的聖人論

劉鳳苞詮釋莊子的工夫論時，整體而言，帶有儒學化的特質，故藉由工夫論達到生命最高境界的體道者，亦不免沾染儒家的特質。

1. 至人

劉鳳苞詮釋「至人」時，除藉以引出其自適於清虛的逍遙境界外，更偏重「化」與「忘」。當至人之修養達最高的生命境界時，便能夠化其迹；一旦能與物「兩忘」，化去物我間的區別，則萬物皆能容於主體生命境界中。

2. 神人

劉鳳苞注解「神人」「使物不疵癘而年穀熟」時，說：「二句是中和位育之功」，明顯將《中庸》：「致中和，天地位焉，萬物育焉。」融入莊子思想中。又以《孟子》的「過化存神」說明「神人無功」。無論《中庸》或是《孟子》，皆根源於儒家的道德意識，已與莊子自然之「道」不同。

3. 聖人

劉鳳苞詮釋「聖人」，大體而言因承了莊子思想，僅兩處有所區別：

（1）注解〈人間世〉「顏回將之衛，請行於仲尼」一段，仍強調「矜名德蕩」、「爭善知出」，但提出「冥情應物」之說。依劉鳳苞的工夫論，「冥」在化其迹，亦即化德、知之迹，并其用心之處一併化，則能虛以應物。德、知之迹不入名、爭，自然與物相安無事。

（2）注解〈應帝王〉中論及聖人執政所應採取的態度及對應方法時，以「治以神」與「治以迹」總結聖人之治。所謂「治以神」，即「盡己之當為而無心於成化，任德之所至而自斂其神功」，能「無心」成化，則百姓「任德」而生，終收其「神功」。所謂「神」，即在於無心成物，萬物於聖人的觀照下，順其內在自然本性生化，此亦「治內」。而「治以迹」，則是忽略了百姓內在的自然之性，強以外在的價值標準約束百姓，則百姓為避禍而貌恭，但心不服，此為「治外」，是「欺德」也。

4. 真人

劉鳳苞詮釋「真人」時，亦多處融入儒家思想：

（1）注解「不逆寡，不雄成，不謨士」一段時，劉鳳苞以為「真知」並非一定要「屏除人事」。就其工夫論中的概念，此「人事」應指儒家的「仁義」，所以能「率其天然」，方法在「泯其仁義之迹」，達物我相忘之境。

（2）注解「息以踵」云：「『息以踵』三字，體會入微，乃聖賢直養無害」〔註12〕，將孟子「以直養無害」的工夫論融入真人的心性，亦即在「真人」的性中收攝了孟子的「仁義之性」，此又異於莊子之說。

（3）注解「以心捐道」時，改作「以心損道」；並認為「不以心損道」是孟子的「勿忘」，「不以人助天」是孟子的「勿助」。但培養浩然之氣的方法，根源於儒家的道德意識，與莊子以「道」為根底的思想截然不同。於此又可明顯看出，劉鳳苞注《莊》時的工夫論，融入儒家道德實踐的痕跡。

總之，劉鳳苞詮釋莊子的體道者時，同樣引入儒家的道德仁義思想，但為能通於莊子的道境，故特別重視「泯其迹」，且併其「用心」一塊泯除。

五、德治化的政治論

劉鳳苞詮釋莊子的政治思想時，看似因承了莊子對儒家德治的否定，以為治天下必須「安其性命之情」，但若依賴「聰、明、仁、義、禮、樂、聖、知」，則「治之，適以亂之也。」因此八者為儒家「德治」的基礎，各具病根。〔註13〕但劉鳳苞又於〈駢拇〉篇首總論中，強調「仁義」之與「道德」，雖然稱謂不同，然皆源於性命。〔註14〕此說同於儒家「仁義根源於內在的道德心性」，此並非莊子的主張。此外，「仁義皆從性命中發見」，重點在於必須「渾漠相忘」。換言之，劉鳳苞所抨擊的「仁義」，乃出以名的「仁義」，若能「化其仁義之迹」，使仁義處於「渾漠相忘」的狀態，劉氏認為應是可行的。

又注解「絕聖棄知」時，側重在「渾其仁義聖知之用，立乎不測而遊於無有」〔註15〕，以為仁義之治是可行的，重點在「渾其仁義聖知之用」。故知劉鳳苞的政治思想，一直與其工夫論相同，並未由根本上否定儒家的仁義與其工夫，所強調者只在於泯其迹而已。

〔註12〕劉鳳苞撰，方勇點校：《南華雪心編》，頁142。

〔註13〕劉鳳苞云：「聰明仁義禮樂聖知，治天下離不開此八者，而八者各具病根。天下將安其性命之情，不靠定八者作主，可存可亡，與天下無所利，亦無所害；若不安其性命之情，全靠定八者用事，攣卷傖囊競起而治天下，治之適以亂之也。」，劉鳳苞撰，方勇點校：《南華雪心編》，頁248。

〔註14〕劉鳳苞云：「夫仁義之與道德，雖異其名，其源皆出於性命。」劉鳳苞撰，方勇點校：《南華雪心編》，頁206。

〔註15〕劉鳳苞云：「『絕聖棄知』以下，屏除一切誨盜之資，將聖人當作利器，醒快異常。聖人生而大盜起，欲利國適以利盜，誠不如渾其仁義聖知之用，立乎不測而遊於無有，如利器之不以示人，則大盜失其憑藉之具而無隙可乘矣。」，劉鳳苞撰，方勇點校：《南華雪心編》，頁227。

劉鳳苞注解《莊子》時，帶有明顯的儒學化傾向。其自序云：

> 年來捧檄邊庭，從事於波濤兵燹之間，更歷憂患，取是書而研究之，
> 一切榮落升沈之感，不知何以俱化，而天人性命之微，亦若少窺其
> 分際焉。則先生之貺我良多也。簿書之暇，把卷沈吟，機有所觸，
> 筆之於書，亦如玄化之鼓盪而不能自已，天籟之起伏而莫知所為焉，
> 名之曰《雪心編》。雪心者，謂《南華》為一卷冰雪之文，必索解於
> 人世炎熱之外，而心境始為之雪亮也。後之讀是篇者，其亦可渙然
> 冰釋矣。〔註16〕

劉鳳苞自謂注解《莊子》，係因「波濤兵燹之間，更歷憂患」，亦即處社會動盪
之際，從憂患之中體會莊子的思想。他說讀《莊子》能令人「索解於人世炎熱
之外，而心境始為之雪亮」，這是劉鳳苞的深刻體會，他將莊子思想當作心靈
寄託，以超越現實的不如意。但劉鳳苞畢竟是儒者出身，始終無法忘懷儒家「經
世濟民」之志，因而注《莊》時不免融入儒家思想。可見其在注解時所展現的
儒學化傾向，絕非曲解莊子本意，而應視作劉鳳苞由現實生活中所體悟到的莊
子思想，藉以忘懷現實生活中的不如意。

〔註16〕劉鳳苞撰，方勇點校：《南華雪心編》（北京：中華書局，2013），頁9。

參考書目

壹、古籍

一、《老子》

1. （魏）王弼撰，樓宇烈校釋：《老子周易王弼注校釋》，台北：華正，1983。

二、《莊子》

1. （晉）郭象注：《莊子》（宋刊本）（《無求備齋莊子集成初編》1），臺北：藝文印書館，1972。

2. （宋）劉辰翁批點本，《莊子南華真經》（《無求備齋莊子叢書集成緒編·第一冊》），台北：藝文印書館，1974。

3. （宋）林希逸：《莊子鬳齋口義校注》，北京：中華書局，1997。

4. （宋）王安石：《莊子論上》，《莊子序跋論評輯要》，湖北：湖北教育出版社，2001。

5. （宋）王雱：《南華真經拾遺》，《莊子序跋論評輯要》，湖北：湖北教育出版社，2001。

6. （宋）蘇軾撰，孔凡禮點校：《蘇軾文集》，北京：中華書局，1986。

7. （明）孫鑛：《莊子南華真經評》，《中國子學名著集成·67》，中國子學名著集成編印基金會，1977。

8. （明）憨山大師：《莊子內篇憨山註》，台北：新文豐出版公司，2004。

9. （明）朱得之：《莊子通義》，《子藏·道家部·莊子卷》第 31 冊，北京：國家圖書館出版社，2011。

10.（明）歸有光批閱，文震孟訂正：《南華真經評注》，《子藏·道家部·莊子卷》第 61 冊，北京：國家圖書館出版社，2011。

11.（明）孫應鰲：《莊義要刪》，《子藏·道家部·莊子卷》第 38 冊，北京：國家圖書館出版社，2011。

12.（明）金兆清：《莊子榷》，《子藏·道家部·莊子卷》第 74 冊，北京：國家圖書館出版社，2011。

13.（明）方以智：《藥地炮莊·天下》，《子藏·道家部·莊子卷》第 87 冊，北京：國家圖書館出版社，2011。

14.（清）林雲銘著、張京華點校：《莊子因》，上海：華東師範大學出版社，2011。

15.（清）胡文英著、張花蕾點校：《莊子獨見》，上海：華東師範大學出版社，2011。

16.（清）陸樹芝著、張京華點校：《莊子雪》，上海：華東師範大學出版社，2011。

17.（清）宣穎：《莊子南華經解》，台北：宏業書局，1997。

18.（清）劉鳳苞撰，方勇點校：《南華雪心編》，北京：中華書局，2013。

19.（清）嚴靈峰：《無求備齋莊子集成初編》，台北：藝文印書館，1972。

20.（清）郭慶藩輯：《莊子集釋》，台北：河洛圖書出版社，1980。

21.（清）王先謙：《莊子集解》，北京：中華書局，1999。

22.（清）鍾泰：《莊子發微》，上海：上海古籍出版社，2002。

三、儒家

1.（清）阮元：《孟子》《十三經注疏》，台北：藝文印書館，1955。

2.（宋）周敦頤云：《周子全書》，台北：台灣商務印書館，1978。

3.（宋）張載著，章錫琛點校：〈太和篇〉《正蒙》，台北：漢京文化事業公司，2004。

4.（宋）程顥、程頤撰：《二程集》第一冊，台北：漢京文化事業公司，1983。

5.（宋）黎靖德編：〈理器上〉《朱子語類》，台北：文津出版社，1986。

6.（宋）朱熹：《四書集註》，臺北：文津出版社，1985。

7.（明）王陽明：《王陽明傳習錄及大學問》，台北：黎明文化事業公司，1986。

貳、近人著作（依出版年份先後）

一、專著

（一）中國思想通論

1. 徐復觀：《中國藝術精神》，台北：臺灣學生書局，1966。
2. 唐君毅：《中國哲學原論·原道篇弍》，台北：臺灣學生書局，1968。
3. 徐復觀：《中國人性論史·先秦篇》，台北：台灣商務印書館，1969。
4. 王邦雄：《中國哲學論集》，台北：台灣學生書局，1983。
5. 牟宗三：《中國哲學十九講》，台北：台灣學生書局，1983。

（二）道家通論

1. 陸永明：《老莊研究》，鄭州：中州古籍出版社，1984。
2. 陳德和：《道家思想的哲學詮釋》，台北：里仁書局，2005。
3. 陳鼓應：《老莊新論》，台北：五南圖書出版股份有限公司，2007。

（三）莊子

1. 蘇新鋈：《郭象莊學平議》，台北：台灣學生書局，1980。
2. 林聰舜：《向郭莊學之研究》，台北：文史哲出版社，1981。
3. 吳怡：《逍遙的莊子》，台北：東大圖書股份有限公司，1984。
4. 高柏園：《莊子內七篇思想研究》，台北：文津出版社，1992。
5. 譚宇權：《莊子哲學評論》，台北：文津出版社，1998。
6. 莊耀郎：《郭象玄學》，台北：里仁書局，1998。
7. 牟宗三講述，陶國璋整構：《莊子齊物論義理演析》，台北：書林出版公司，1999。
8. 劉榮賢：《莊子外雜篇研究》，台北：聯經出版社，2004。
9. 吳怡：《新譯莊子內篇解義》，台北：三民書局，2004。
10. 楊菁：《劉鳳苞與王先謙治《莊》研究》，台北：秀威經典，2017。
11. 關鋒：《莊子內篇譯解和批判》，北京：中華書局，1961。
12. 崔大華：《莊學研究》，北京：人民出版社，1992。
13. 聞一多：《周易與莊子研究》，成都：巴蜀書社，2003。
14. 方勇：《莊子學史·第三冊》，北京：人民出版社，2008。
15. 方勇：《莊學史略》，成都：巴蜀書社，2008。
16. 熊鐵基主編，劉韶軍、錢奕華、湯君著：《中國莊學史·下》，福州：福建人民出版社，2009。

（四）其他

1. 牟宗三：《才性與玄理》，台北：台灣學生書局，1974。

2. 牟宗三：《圓善論》，台北：學生書局，1985。

3. 龔鵬程：《文學批評的視野》，台北：大安出版社，1998。

4. 陳麗桂：《新編淮南子・上冊》，台北：國立編譯館，2002。

5. 牟宗三：《政道與治道》，台北：台灣學生書局，2003。

6. 牟宗三：《現象與物自身》，台北：台灣學生書局，2004。

7. 王俊彥：《王廷相與明代氣學》，台北：秀威資訊科技股份有限公司，2006。

8. 莊耀郎：《元氣》，台北：花木蘭文化出版社，2011。

9. 陳麗桂：《漢代道家思想》，台北：五南圖書出版社，2013。

10. 王俊彥：《元氣之外無太極──宋明理學中的「氣論」研究》，台北：萬卷樓圖書股份有限公司，2020。

11. 那薇：《道家與海德格爾相互詮釋》，北京：商務印書館，2004。

12. 蒙培元：《人與自然：中國哲學生態觀》，北京：人民出版社，2004。

13. 張在興：《論王闓運的經學思想》，《晚清湖南學術與思想》，湖南師範大學出版社，2006。

二、期刊論文

1. 廖明活：〈莊子、郭象與支遁之逍遙觀試析〉，《鵝湖》101 期，1983.11。

2. 陳德和：〈畸人與真人—莊子大宗師的超越性和圓融性〉，《鵝湖月刊》219 期，1993.9。

3. 李治華：〈莊子之──聖人、真人、至人、神人及天人的層次新論〉，《人文及社會學科教學通訊》，七卷五期，1997.2。

4. 陳鼓應：〈道家在先秦哲學史上的主幹地位〉，《道家文化研究》第十輯，台北：文史哲出版社，2000.8。

5. 牟宗三主講盧雪崑記錄：〈莊子〈齊物論〉講演錄（二）〉，《鵝湖月刊》320 期，2002.2。

6. 牟宗三主講盧雪崑記錄：〈莊子〈齊物論〉講演錄（四）〉，《鵝湖月刊》322 期，2002.4。

7. 牟宗三主講盧雪崑記錄：〈莊子〈齊物論〉講演錄（六）（七）〉，《鵝湖月刊》324 期，2002.6。

8. 牟宗三主講盧雪崑記錄：〈莊子〈齊物論〉講演錄（十二）〉，《鵝湖月刊》
   329 期，2002.11。

9. 何修仁：〈《莊子・逍遙遊》的逍遙哲學〉，《聯合學報》第二十二期，2004。

10. 周雅清：〈〈齊物論〉詮釋及其疑義辨析〉，《中國學術年刊》第二十七期—
    —秋季號，2005.9。

11. 王俊彥：〈劉鳳苞《南華雪心編》的氣論〉，《諸子學刊》第十四輯，2019.3。

三、學位論文

1. 徐聖心：《莊子「三言」的創用及其後設意義》，台北：台灣大學中國文學
   研究所博士論文，林麗真先生指導，1998.5。

2. 林明照：《莊子「真」的思想探析》，台北：台灣大學哲學研究所碩士論
   文，陳鼓應先生指導，2000.6。

3. 張晏菁：《劉辰翁《莊子南華真經點校》研究》，台北：東吳大學中國文學
   研究所碩士論文，2008.6。

4. 華雲剛：《劉鳳苞及《南華雪心編》研究》，南京：南京師範大學中國語言
   文學系博士論文，徐克謙先生指導，2016.4。

5. 李章博：《劉鳳苞《南華雪心編》之研究》，南京：南京大學中國古代文學
   系博士論文，許結先生指導，2016.8。